Steve Jobs

スティーブ・ジョブズ

結果に革命を起こす
神のスピード仕事術

はじめに

1冊の本を手にした時、あなたは何を期待するでしょうか?

豊かな教養を求める人もいれば、仕事で役に立つ知識を求める人もいるでしょう。ひとときの癒やしを求めているかもしれませんし、「すぐに使える」かどうかを気にする人もいるでしょう。

20世紀を代表する偉人スティーブ・ジョブズがつくり上げたアップルは、今や時価総額が1兆ドルを超える世界ナンバーワン企業へと成長しています。一企業の時価総額が日本の国家予算と変わらないなんてそれだけですごいことです。

本書では、「世界の経営者が最も尊敬するリーダー」(第16回世界CEO意識調査)の第2位にも選ばれたジョブズが、どんな人で何をやったかについて知ることができます。

そしてもう一つ、実はこれこそが読者の方に真似ていただきたいことなのですが、**「すごい成果を上げるための仕事のやり方」のエッセンスがたくさん詰め込まれています。**

ジョブズのすごさ、それはマッキントッシュやｉＭａｃでコンピュータ業界に革命を起こしただけでなく、ｉＰｏｄとｉＴＭＳで音楽の聞き方や買い方を変え、ｉＰｈｏｎｅで携帯電話ばかりか、人々とネットとの関係を大きく変えたところにあります。さらにピクサーでは『トイ・ストーリー』などで映画の世界での革命も成し遂げています。

こう言うと、多くの人は「ジョブズは天才だから、自分たちには真似できないよ」のひと言で片づけてしまいがちですが、本書でアップルを創業した頃のジョブズがどんな若者だったかを知れば、「彼は特別」とは思わなくなるでしょう。

20歳の頃のジョブズは大学を中退、学歴もなければお金も人脈も何も持たない若者に過ぎませんでした。にもかかわらず、わずか数年でアップルを上場企業へと成長させ、アメリカ史上屈指の自力で財を成した大富豪になっているのです。

では、何がそれを可能にしたのでしょうか？

それこそが本書で紹介している「スピード」であり、「完璧さへの執着」や「巧みな人の使い方」なのです。

なかでもジョブズのスピードへの執着は並外れています。

大企業の人間なら「3ヶ月かかる」と考えることを平気で「一晩でできないか」と言い放つのです。そこには今流行《はや》りの「ワークライフバランス」などはありません。週に80時間、90時間働くこともいといません。

ところが、こんな無茶苦茶働く時代があったからこそジョブズはそのあと、数々の革命を起こすことができたのです。

脚本家の倉本聰さんがこんなことを言っています。

「世間から抜きんでるには、やっぱりどこかで無理をしないといけない。だから、僕は睡眠時間2時間だった時期の滅茶苦茶な無理が財産ですね」

誰でもすぐに結果を出したいとか、大きな仕事をしたいと考えるものですが、そこに至る前には誰しも「無茶苦茶働く下積みのような時代」があるのです。問

題はその期間をいかに短くするかです。そしてそれを可能にしてくれるのがジョブズ流の「スピード仕事術」なのです。

心の底からやりたいことがあるのなら、人は滅茶苦茶急いだ方がいいし、滅茶苦茶厚かましくていいし、滅茶苦茶こだわり抜けばいいのです。

そしてその先にこそ素晴らしい成果があるのです。もし何者かになりたいと願っているのなら、ジョブズのやり方を学んでみることをお勧めします。

本書で取り上げているのはジョブズ流の「スピード術」「完璧術」「ダンドリ術」「アイデア術」「人を動かす術」の五つですが、この五つの大切さを知り、実践すれば誰もが確実に「成果を上げる人」へと成長することができます。

ただし、読むだけでは何も変わりません。読んで、「これはいいな」と思ったらジョブズのようにすぐに行動を起こしてください。

知っていることと、できることには大きな差があります。ジョブズの成功はいずれも「素早い行動」によってもたらされたものです。「すぐに動く人」になり、一気の成長を目指していただければ幸いです。

本書の執筆と出版には、越智秀樹氏のご尽力をいただきました。心から感謝いたします。

桑原晃弥

スティーブ・ジョブズ　簡易年表

1955年	サンフランシスコで生まれ、養子に出される。
1972年	オレゴン州のリード大学に進むが、ほどなく中退。
1974年	ゲームメーカー・アタリ社の夜勤エンジニアに。
1976年	スティーブ・ウォズニアック、ロン・ウェインとアップルを創業、アップルⅠを発売。
1977年	マイク・マークラの参加を得てアップルを法人化。アップルⅡを発売。
1979年	ゼロックスのパロアルト研究所を見学。
1980年	アップル株式公開。
1983年	CEOにジョン・スカリーを迎える。
1984年	マッキントッシュを発売。
1985年	アップルを追放され、ネクストを創業。
1986年	ピクサーを設立。
1995年	『トイ・ストーリー』世界的大ヒット。ピクサー株式公開。
1996年	アップルに復帰。
1997年	アップル暫定CEOになる。
1998年	iMacを発売、大ブームに。
2001年	iPodを発売。
2007年	iPhoneを発売。
2010年	iPadを発売。
2011年	CEOを辞任。10月5日死去。

Contents

CHAPTER 3 ジョブズ流 超ダンドリ仕事術

CHAPTER 4 ジョブズ流 他者を圧倒するアイデア仕事術

編集協力：越智秀樹（OCHI企画）
装丁：池上幸一
カバー写真：アフロ
イラスト：今田たま

CHAPTER

1

ジョブズ流

神も恐れる
スピード仕事術

第1話

あり得ないスケジュールに挑戦する

なぜジョブズはスピードを求めたのか?

成果を上げるための最も大切な要素の一つはスピードだ。かつては拙速よりも慎重さを重視する人もたくさんいたが、今日のように変化の激しい時代には慎重さは出遅れにつながることがほとんどである。

ましてやIT時代には素早く成長した者が市場のほとんどを制するだけに、いかに早くスタートを切るか、どれだけ素早く成長するかはとても大切な要素となってくる。

ジョブズは早くからその感覚を磨き続けてきた。大学を中退してゲームメーカーのアタリ社に就職しているが、そこでも周囲の人間を「どうしようもない間抜けども」とバカにしてイラつかせる一方で、創業者のノーラン・ブッシュネルはそんな生意気な若造をこう言って高く評価していた。

「ジョブズは何かをやりたいと思うと、数ヶ月あるいは数年という単位ではなく、数日あるいは数週間の予定で取り組んだ」

ジョブズは当時からスピードに執着し続けている。それも人並みではなく、隔絶した速さを自らと周囲に課していた。

あえて無茶なスケジュールを立てる

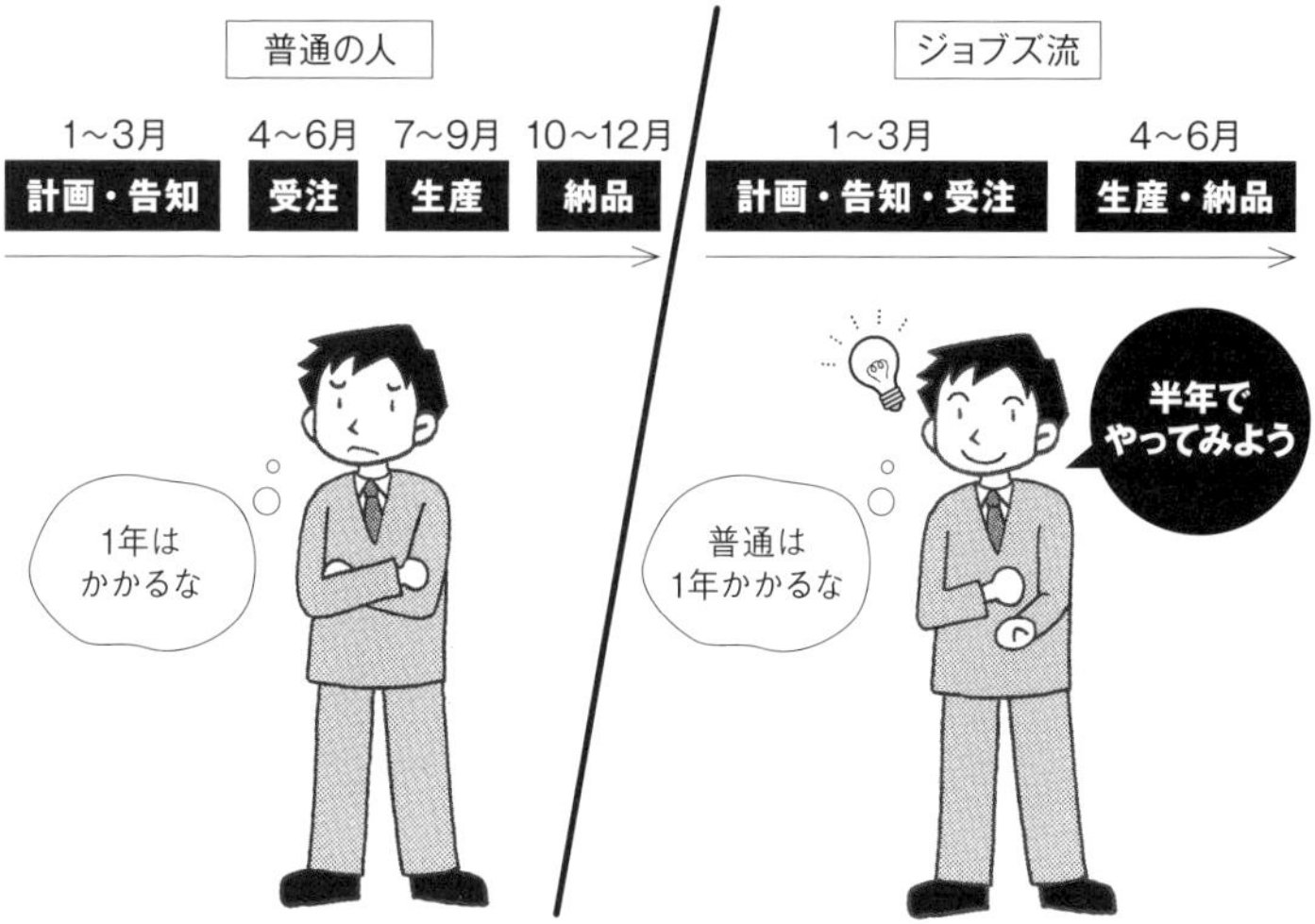

ジョブズの掲げるスケジュールは誰が見ても「そんな無茶な」というものがほとんどだったが、その無茶を実現するためにみんなが遮二無二働き、あり得ないほどの創意工夫をしたからこそ「世界を驚かせる」ほどのものをつくることができたのだ。

仕事で成果を上げるためには常識を疑うことが何より大切になる。**常識的に1年かかる仕事なら、あえて「半年」「3ヶ月」「1ヶ月」でできないかと考えることを習慣にしてみればいい。**

妥当な短縮からはたいした知恵は出ないが、不当なほどの短縮からは驚くような知恵も出るし、ムダも見つかることになる。

ジョブズのスピード感を手にすること、それは驚くほどの成果へとつながる道なのだ。

第2話

「そのうち」「近いうち」をやめる

行動力を見せつけろ。「近いうちに様子を知らせてくれ」と言われたら、いつ行くか？ 「早速やってきたよ」がジョブズ流

ビジネスの現場でしばしば聞かれるのが「そのうち会いましょう」や「近くに来たら連絡をください」といった会話である。

ほとんどの人にとってこれは社交辞令のようなものだから、その言葉を鵜呑みにする人はほとんどいない。しかし、ジョブズにとっては「そのうち」や「近いうち」は「すぐに行く」ことを意味していた。

1976年、スティーブ・ウォズニアックとともにアップルを設立、ウォズニアックの自信作アップルⅠの販売に取りかかっていたのだが、最初は誰も相手になどしてくれなかった。

ある日、コンピュータショップのはしりを経営していたポール・テレルにアップルⅠを見せたところ、こんな言葉をかけられた。

「なかなかいい商品だから、近いうちに連絡をくれ」

テレルはアップルⅠには関心を持ったものの、普段から汚いなりをしているジョブズを「厄介な相手」と敬遠していた。とはいえ、商売には売れる商品は必要なので用心しなが

「そのうち」「近いうち」を「すぐ」にする

らジョブズに声がけしたのだ。

翌日早くに、ジョブズはテレルの店に来てこう言った。

「早速やってきたよ」

ジョブズの素早い行動と熱心な説明に感心したテレルは、1台500ドルで50台のアップルIを購入することを決めた。

それは「アップルの歴史の中でも最大の出来事の一つ」であり、ここからジョブズの成功の物語が始まることになった。

「近いうち」と言われたら、ためらうことなく「すぐに行動を起こす」方がいい。

相手は「えっ、本当に来たの」と驚くかもしれないが、少なくともあなたの「行動力」には感心するはずだから。

ビジネスに余計な遠慮は禁物だ。

第３話

その場で結論を出す

答えはその場で受け取れ。「あとで電話するから」を真に受けるな

ビジネスで商談を終えたあと、「結果については後ほど連絡します」と言われたことはないだろうか？　あるいは、「あとで上司に確認をとってご連絡をします」と言われたことはないだろうか？　もちろん結果が出るまでに時間がかかるというのはよくあることだが、時に「後日連絡します」は「断る口実」に使われる。

ジョブズには「後日連絡します」は通用しなかった。ポール・テレルからアップルⅠ50台の注文を受けたジョブズだが、製品をつくるためには当然のことながら部品が必要になるし、組み立ててくれる人も必要になる。

ましてや計2万5000ドルの製品ともなると部品代もバカにならないが、もちろんジョブズにそんなお金があるはずもなかった。

ジョブズは資金調達のために銀行などに片っ端からあたったものの、誰も相手にしてくれなかった。最後に行きついたのがキエルルフ・エレクトロニクスというパーツ業者だ。ジョブズはテレルからの注文書を手に「後払

「あとで連絡します」を真に受けない

い」で部品を卸してくれるように説得を試みた。ジョブズに押し負けた業者は仕方なく「あとでポールに電話し、確認してから返事をするから」と答えることになるが、本音はジョブズから逃れたかった。

もちろんジョブズは決して引き下がろうとはしなかった。こう言った。

「ポールに電話するまで帰らない」

結果、業者は何とかポールをつかまえて注文を確認すると、部品2万ドル分を30日払いで卸してくれることになった。「あとで電話する」は額面通りのこともあれば、断りや先延ばしの口実に使われることもある。

ジョブズにとって「あとで」は待つに値しないムダな時間であり、**「答えはその場ですぐに」が流儀だった。**

第4話

ムダな仕事で時間を浪費しない

今の自分にとって「やるべき仕事」とは何かを即座に判断する

誰しも自分がやっている仕事を「ムダ」とは考えてはいない。だが、たしかに世の中にはムダな仕事とやるべき仕事が存在する。成果を素早く上げたいのなら、ムダな仕事などさっさとやめてしまうのも一つの手だ。

アンディ・ハーツフェルドというアップルⅡチームの若手エンジニアがいた。

ある日、ハーツフェルドのオフィスにジョブズが現れてこんな質問をした。

「君は有能か？　我々は本当に優秀な人材だけにマックの仕事をして欲しいと思っているんだが、君が十分に有能かどうかまだ知らないのでね」

ハーツフェルドが「はい、私はとても優秀だと思います。マックの仕事がしたいし、素晴らしい仕事ができると思う」と答えると、ジョブズはその場を去った。

ハーツフェルドも仕事に戻り「そのうち返事があるだろう」と思っていたが、夕方になり再びオフィスに現れたジョブズは「君にいい知らせがある。マックチームで働くことになった。僕と一緒に来るんだ」と告げた。

ムダな仕事は断る勇気を持つ

それはハーツフェルドにとって嬉しい出来事だったが、「今、取りかかっている仕事に2〜3日かかる」と言うと、ジョブズはこう言いきった。

「ダメだ。そんなことで時間を浪費するんじゃない」

言ったとたんにアップルⅡの電源のプラグを引き抜いて、ハーツフェルドを自分の車に乗せてマックチームのビルへと連れて行った。そしてこう言った。

「マックチームへようこそ」

仕事にはムダな仕事と価値ある仕事があるというのがジョブズの考え方だ。

だったら、ムダな仕事や無用な仕事に時間を浪費せず、価値ある仕事に集中すればいい。

それこそが素早く成果を上げるコツである。

第5話

部下が気になっている仕事をすぐにやらせる技術

月曜日？　冗談だろ？　今晩中にたしかめたくないのかよ？

「もう帰らなきゃ」「もう寝なきゃ」という時になって自分の大好きなゲームや本が届いたとしたらどうだろうか？　もちろん次の日に回すという選択もあるが、すぐにゲームをやり始めたり、本を読み始めたりしてしまうという人もいるのではないだろうか？

ジョブズは社員たちを「気になって帰れなくする」達人だった。

マックチームにバレル・スミスという大学を出ていないものの、独学でコンピュータの技術を身に付けた若き天才がいた。

スミスはプリント基板作成に必要な全データを納めたテープを作成し、製造業者に発注した。最初のサンプル基板は、金曜日の16時に届いた。バレルは基板を組み上げて、実際に動かすには時間がかかるため、その日のうちに仕上げるのは無理だと考えた。

あきらめて帰り支度を始めたところにジョブズが現れてこう尋ねた。

「プリント基板が届いたそうじゃないか。動くのはいつ頃になりそうだ？」

バレルが「土曜日か月曜日に」と答えると、

ビッグイベントのプロジェクトリーダーを動かすには

すかさずジョブズはこう言った。

「月曜日？　冗談だろ？　バレル、お前のプリント基板なんだぜ。動くかどうか、今晩中にたしかめたくないのかよ？」

プリント基板はバレルの自信作である。当然、バレルだって少しでも早く動かしたいに決まっている。ジョブズはそんなバレルの気持ちを見透かしたように挑発する一方で、今晩中に動かすことができたら大好きなパイナップルピザをおごってやるというアメもしっかりと用意した。

承諾したバレルは、1枚の基板にソケットをはめこみ、ハンダづけを開始した。

ジョブズは上から命令するだけでなく、**「お前の仕事だぜ」と言って自尊心をくすぐりやる気を引き出す達人だった。**

第６話

前例や思い込みを「捨てる」

僕は３ヶ月なんて頭は持っていない。一晩で成果を上げて欲しいんだ

成果を上げるためにスピードが大切だとはよく言われているが、実はこの「スピード感」というのは、人や企業によって大きな差がある。あなたは大企業の「スピード感」を当たり前のものと錯覚してはいないだろうか？

大企業ヒューレット・パッカードに15年間勤めたあと、アップルの顧客サービスとサポート担当の副社長となったジェフ・クックは、ジョブズによってその違いを嫌と言うほど味わわされた。ジェフはアップル入社前から熱烈なジョブズの信奉者で、一緒に働けることを心の底から喜んでいた。

ところが、ジョブズとの最初のミーティングに臨んだジェフは、「サービスとサポート部門は、全員、脳みそが腐ってるぞ」といきなり激しい言葉を投げつけられた。それでもジェフは自ら立案した「変革のための３ヶ月計画」の説明を始めた。

しばらく話を聞いていたジョブズはジェフの話をさえぎってこう言った。

「ジェフ、それは君のＨＰ時代のやり方かもしれないが、僕は３ヶ月なんて頭は持ってい

着任した部門の業績が悪い責任者の場合

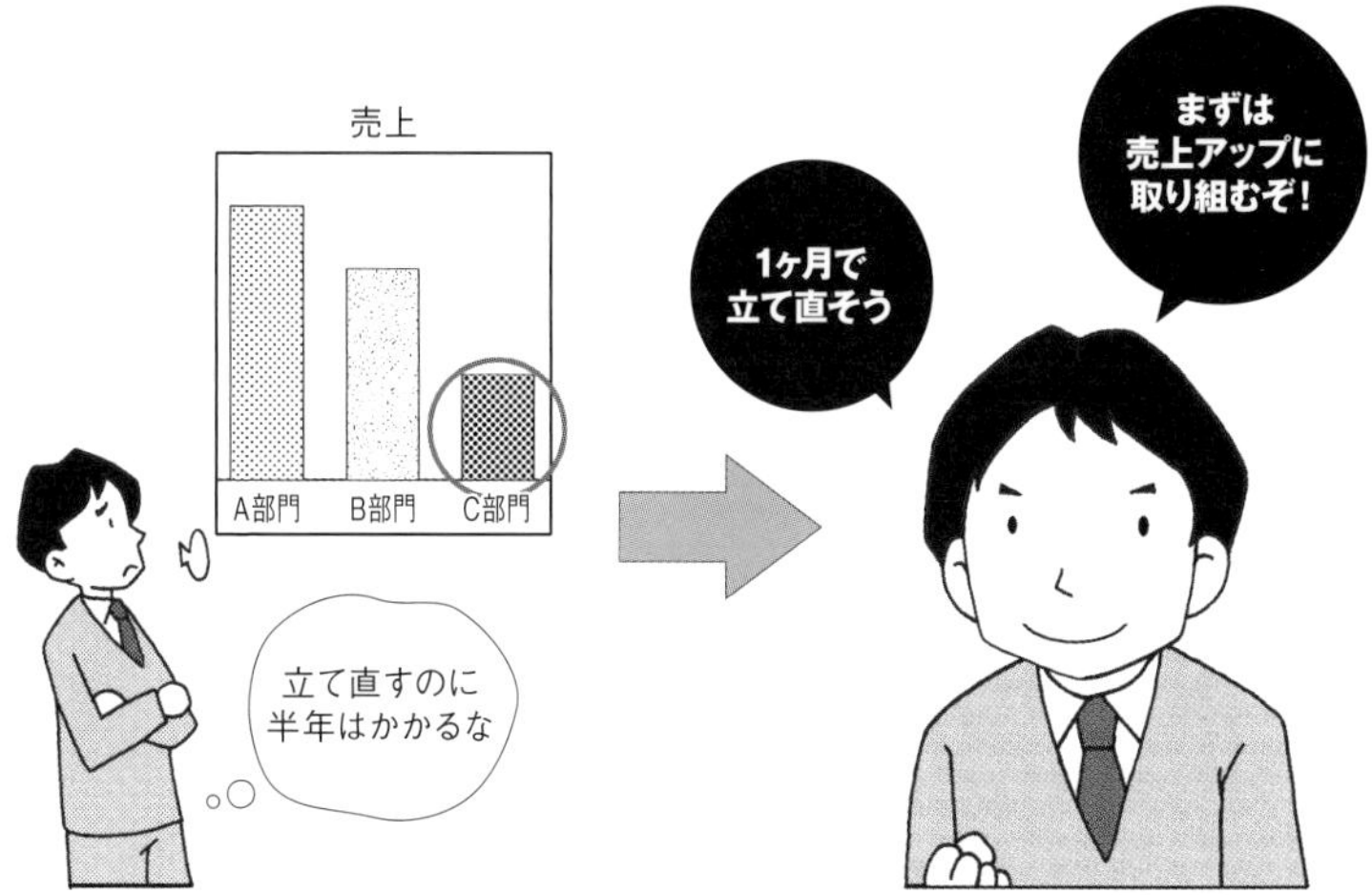

ないんだ。僕はね、一晩で成果を上げて欲しいんだよ」

いい仕事をするには時間が必要だ。変革を成し遂げるには、たしかに3ヶ月とか半年を要するというのが常識だ。変革には反対もあるだけに、「急ぎすぎだ。もっと慎重に」と拙速を慎むように言う人も少なくない。

しかし、実際には変革を嫌がるばかりに先延ばしにする人も多い。そこにあるのは前例や思い込み、失敗を恐れる気持ちである。

大切なのは「本当に3ヶ月必要なのか？」と問いかけてみることだ。ジョブズが言うように「一晩で成果は上がらないのか？」と問いかけてみればいい。

無茶ではあっても、そこに大企業病を打ち破るヒントがあるかもしれないのだから。

第7話

余裕のありすぎるスケジュールで仕事をしない

ギリギリの状況でやってスピードと成果を手に入れる

ジョブズの特徴の一つは、甘えたスケジュールを絶対に許さないところにある。一般にスケジュールを設定する際には、経験をもとにこれぐらいまでにはできそうだということで決めるのだが、ジョブズの場合は無茶に無茶を重ねたうえで、何とか実現可能なスケジュールを口にする傾向がある。

そのためチームのメンバーは苦しむことになる。もし間に合わないとしても、「もっとがんばれ」のひと言で片づけてしまう。

ピクサーが『トイ・ストーリー2』の製作に取りかかっていた時のことだ。当初、『トイ・ストーリー2』はビデオ用として製作されていたが、ディズニーとジョブズの話し合いによって急遽、劇場用になった。

劇場用にするには「そのまま」ではなく、たくさんの「つくり直し」が求められる。しかし、残された時間はあまりに少なかった。

監督のリー・アンクリッチが、「素晴らしい映画になるのは間違いないが時間が足りない。公開日を遅らせてくれないか」とジョブズに申し出たところ、ジョブズはこのひと言

能力ギリギリのスケジュールで仕事をやる

で片づけた。

「自分のキャリアを振り返ると、こうした最善とは言えない状況でやった仕事に一番誇りを感じるんだ」

ジョブズは時間が足りないからと延期を認めることはない。では、少しぐらい手を抜いていいかというと、それも「ノー」だ。

普通はここで全員が匙を投げるところだが、かえってピクサーのメンバーは奮い立ち、不可能と思えるスケジュールをこなした。

甘えたスケジュールは余裕を生み、多くの何もしない時間の先に慌ててやっつけ仕事をする羽目になることが多い。そこからすぐれた何かが生まれることはない。**自分にできるギリギリの中で戦ってこそ人はスピードと成果の両立に成功することができる。**

第8話

イエス、ノーをすぐに言う

結論はすぐに出す。判断に時間をかけるな

「判断というのは、5分でたやすくできるものです。そんなに複雑なものではありません」

というのは世界一の投資家ウォーレン・バフェットの言葉だ。バフェットの流儀は、判断しようのない事をあれこれ考えても仕方がないということだ。それよりも、自分がすぐに判断できるものに絞って、その場で「イエス」「ノー」を明確にすれば、お互い時間のムダがないという考え方だ。

ジョブズも若い頃から相手の返事を「すぐに、その場で」もらうことを信条としてきたが、それは相手に対しても同様だった。

2001年、シリコンバレーでDVD編集ソフトの開発会社を経営していた曽我弘氏は、ジョブズから買収提案を受け、2人きりで会うことになった。曽我さんはその1年ほど前に日本の有名企業から出資の提案を受け、ほぼ決まりかけていたがある事情から頓《とん》挫《ざ》してしまった。1年も検討を重ねた結果、ただ時間を浪費したという思いがあった。

やむなく曽我さんは会社を売却することを決め、アドビやマイクロソフトからのオ

判断に時間をかけない

ファーを受けることができたが、いずれもすぐに結論は出なかった。その最中のジョブズからの提案だった。曽我さんが「他に交渉している会社があるから」と回答を保留しようとすると、ジョブズは会社名を執拗《しつよう》に聞いてきた。「あなたのライバルだ」と答えると、ジョブズは「ライバル？　僕にライバルはいないよ」と気にかけることはなかった。

さらに曽我さんが厄介な事情もあると説明すると、ジョブズはひと言「喧嘩は引き受ける」とこちらも一切気にしなかった。結果、会ってわずか一時間で商談はまとまった。

判断の速さは、戦ううえで圧倒的な武器になる。答えの出ないものを引きずることは、自分にとっても相手にとってもただの時間のロスでしかない。

第9話

「ここぞ」という時は会議を開かない

会議じゃダメだ、1人で決めろ

会社では一つの結論を出すまでに長い時間がかかるというのは、決して珍しいことではない。何十ページもの企画書をつくり、何度も会議を開いて、他社の状況も調べたうえでようやく結論が出る。

一体、どうしてこんなに時間がかかるのだろうと思った時に「会社とはこういうものだ」と上司に言われたことはないだろうか。

アップルの天才デザイナー、ジョナサン・アイブはジョブズのつくる製品に憧れてアップルに入社したものの、入社した時には憧れのジョブズはいないという憂き目にあっている。結果、長い間、意に沿わないながらも精一杯の仕事をしていたが、そんなアイブの運命を大きく変えたのがジョブズの突然のアップル復帰だった。

2人はとてもウマが合った。そこからiMacを初めとし、iPodやiPhoneといった「世界を変える」製品が生まれることになるが、それができた理由の一つはジョブズの圧倒的なスピード感にあった。

iMacの開発中、アイブは5色5種類も

会議は「ノー」を決める場

のコンピュータを提案した。たしかにいずれも美しいものだったが、5種類ものコンピュータをつくるのは製造、在庫、流通とすべての面で負担になってしまう。

普通の会社なら「1種類にしろ」と即座に却下するか、市場調査などあらゆる調査と会議を開いていつまでたっても結論が出ない。しかし、アイブによるとジョブズはものの30分で決めてしまったという。

会議を開けば誰も責任を取りたくないので結論はやたら長引いてしまう。しかし、それでは出遅れる。

結論は瞬時に出す。そこにジョブズの強さがあった。**会議とは時間をかけて「ノー」と言うためのものだ。理由は「ノー」と言うのが一番楽だからだ。**

第10話

大事な交渉は部下に任せない

決定権のある人間と自ら交渉する。「誰と話すか」「誰が話すか」にかかっている

トランプ大統領が不動産ビジネスを行なっていた頃の話。ホテルの運営を任せるためにハイアットの社長と交渉を開始したが、合意内容が数日後にひっくり返されることがしばしばあった。調べてみると、実権を持っているのは社長ではなく大株主だとわかった。

大事な交渉は本当のトップを相手にしなければならないと気づいたトランプ氏は相手を変えて交渉したところ、わずか数日で決着することになった。

アップルを退社したジョブズがネクストを創業した頃、どこの銀行と取引するかが問題になった。社員が主要銀行に電話をしたところいずれも「新規設立の企業とは関わらない」の一点張りだった。

その報告を聞いたジョブズは「**やるべきことがわかったよ**」と言うなりバンク・オブ・アメリカの本社に電話をかけ、社長との約束を取り付けた。

もちろんジョブズの名声あってのことだが、アプローチをするなら部下に任せず、トップから攻めるのが最も効率的でスピーディー

交渉は「誰と話すか」「誰が話すか」で決まる

というのがジョブズの信念だった。

その後、アップルに復帰したジョブズはｉＴＭＳを進めるための五大レコード会社との交渉を部下に任せるのではなく、すべて自ら、それも各社のトップ相手に行なっている。それは、業界では不可能と言われていた難しい交渉だった。

もしジョブズが部下に任せていたら受け取る返事は「ノー」ばかりだったはずだが、ジョブズ自ら、それも各社のトップに狙いを定めて交渉したことで不可能が可能になったと言える。

交渉は時間をかければうまくいくというものではない。「誰と話すか」「誰が話すか」が重要であり、それを間違えるとかけた時間や労力に比べて益の少ないものとなる。

第11話

仕事を丸投げしない

他力に依存し過ぎると遅くなる。自前だから加速できる

「自前のOS（オペレーティングシステム）を持っているからこそ、イノベーションをさらに加速させることができる。デルやヒューレット・パッカードのようにマイクロソフトの仕事を待っている必要はない」

ジョブズがこう言うのは、OSを含むソフトとハードは一体であるべきだと考えているからだ。それは同時に自分たちの仕事を圧倒的に加速させるうえで不可欠な武器でもあるということなのだ。

アップル以外の多くの企業は、OSをマイクロソフトやグーグルのアンドロイドに依存しているため、「今、こうしたい」「ここを変えればもっと良くなるのに」と思っても、自分たちではどうすることもできないが、アップルの場合は「即動く」ことができる。

自前のOSを持つメリットは、製品化にすぐに着手でき、消費者の視点から総合的に製品を検討できる点にある。iPodやiPhoneを大ヒットに導いたのは、こうした自前主義の強みが活かされたからである。

基幹技術を他社に依存すると、スピードと

仕事を依頼するとき中身をよく理解しておく

価格などの点で思い通りに動けないことがよくある。だからこそ、基幹技術に関してはできるだけ自社でつくる、少なくとも自社でよく理解していることが不可欠なのだ。

仕事を依頼する時に中身を理解しないまま依頼すると、ただの丸投げになり、相手の言いなりになる他はない。期日を含め相手任せになってしまい、自らが主導権をとることは難しい。これでは成果も相手次第、期日も相手次第で主体性をもって仕事ができない。

仕事を依頼する以上、その仕事について「よく知っておく」ことが大切になる。そしていざとなれば、「自分でやる」くらいの覚悟を持つべきだ。仕事は「相手次第」ではなく、「自分次第」で素早く、より良く進めることが可能になる。

第12話

アイデアが出たらまず形にしてみる

まずやってみよう、つくってみよう。ものを見れば素早く判断できる

せっかく素晴らしいアイデアを思いついたにもかかわらず、会議などでみんなの理解が得られず、悔しい思いをしたことはないだろうか？　自分の頭の中では完成図が見えているのに、周りからは「そんなのうまくいくのかな」「失敗したらどうするつもりだ」とあれこれ文句をつけられて最終的に「ノー」になるというのはよくあることだ。

こうした時に「まずやってみる」「まずつくってみる」というのはジョブズが好んだやり方だった。

アップル時代、ジョブズが頻繁に足を運んだのが天才デザイナー、ジョナサン・アイブが率いるデザインスタジオだ。

そこにはアップルで検討中の製品のモデルがすべて置かれ、手に取り触れることで実際の商品を確認することができた。

部屋にはコンピュータでデザインを行なうCADが置かれ、CADのデータから発泡スチロールモデルをつくる造型機や塗装を行う設備も置かれていた。言わば、3Dプリンターのようなものだが、これらを使えば検討中の

「まずやってみる」「つくってみる」

製品を企画書や図面ではなく、**「ものを見て触って判断する」ことができたのだ。**

アイデアもそうだが、製品も企画書や図面の段階では素晴らしいと思ったものが、いざ形にしてみると「何だこれは」ということがある。逆に周囲の理解が得られなかったものでも実行し、形にすることで「これはすごいな」となることもある。

大切なのはアイデアがあれば、実際にやってみることであり、形にすることなのだ。

それを見れば「良いか悪いか」「がらくたかどうか」すぐに判断がつくし、問題にもすぐに気づくことができる。

机上の議論でムダな時間を費やす暇があれば、まずやってみればいい。それがジョブズのスピード仕事術の一つなのだ。

第13話

10秒の短縮が人の命を救う

時間をムダにすることは、命をムダにすることと同じだ

「私は最も貴重な資源は時間であるという20世紀後半によく言われた理論を今も踏襲しています。お金と時間を節約できるなら、みんな気に入ってくれますよ」とはアマゾンの創業者ジェフ・ベゾスの言葉である。

ベゾスがアマゾンでこだわり続けているのは「いかに短時間で買い物ができるか」「いかに短時間で商品を届けられるか」の2点である。時間の節約へのこだわり、それこそがアマゾンの成長を可能にすることになった。

ジョブズもスピードにこだわり、ムダな時間を嫌い、商品開発にあたって「より早く、より短く」を常に追い求めていた。マッキントッシュの開発を進めていた頃、ジョブズが**「マッキントッシュの起動は遅すぎる。もっと速くしないとな」**と言い出したことがある。

理由はマッキントッシュの起動時間を10秒短縮することができれば、何十人もの命を救うことになるというものだった。

もちろん現実にはマッキントッシュの起動時間が短縮されても人の命が救われるわけではないが、**ジョブズにとって時間はとても大**

時間ほど大切なものはない

切なものであり、時間をムダ遣いすることは「命をムダ遣いする」ことと同じだった。

マッキントッシュの起動に時間がかかることはたくさんのユーザーの時間をムダにすること、つまり命をムダにすることと同じであり、何が何でも起動時間を短くしたいというのがジョブズの考え方だった。

当時の開発メンバーの1人、アンディ・ハーツフェルドによるとジョブズの「ユーモアに富んだ話」はそれなりの影響を与え、人の命を救ったかどうかはともかく、2、3ヶ月後には10秒以上の短縮を成し遂げている。

誰にとっても時間は大切なものだ。相手の時間、ユーザーの時間も同じように大切に考えたいものだ。みんなの時間を節約すること、そこにはビジネスのヒントも隠れている。

第14話

規則を変えてでも前に進む

法律が壁になる？ ならば法律を変えてやろう

仕事をスピーディーに進めたいと考えていても、法律などの壁が立ちふさがることがある。法律とまではいかなくとも、社内の規則などによって「待った」がかかることもある。そんな時、たいていの人は「じゃあ、仕方がないね」とあきらめるか、時間をかけて状況が変わるのを待つ。しかし、ジョブズの場合は違った。

初期のアップルが成長した背景の一つに、アップルⅡが教育界という市場に広く受け入れられたということがある。

ある日、ジョブズは、教育界への売り込みに力を入れていたマーケティング・マネジャーのフィル・ロイバルにこう提案した。

「なあ、もう学校にコンピュータを置いてもいい頃だよ。今やるべきなんだ。子どもたちは待てないからね」

そして、アメリカ中の学校にコンピュータを1台ずつ贈るというアイデアを披露した。宣伝にもなるし、税の優遇処置も受けられるからだ。素晴らしいアイデアだった。

ところが調べてみると、税の優遇処置は原則として、

どうすればできるかを考える

あきらめる人
試作品をつくるお金は経費にならないの?
社内規定で無理です
うちの会社は融通がきかない
あきらめない人
試作品をつくるお金は経費にならないの?
社内規定で無理です
わかった!
社長に直接聞いてみる

材料の分だけで、あとはアップルの持ち出しになることがわかった。ロイバルがそれを指摘すると、ジョブズはこう言った。

「ならば法律を変えてやろうじゃないか」

ジョブズはすぐに行動を起こし、下院議員に熱弁を振るって、「子どもたちは待てない」法案を提出させ、カリフォルニア州議会にも働きかけて同様の法案を成立させ、1982年には9000台のアップルⅡを学校に寄贈している。

法律はおろか、社内の規則を盾に「できない言い訳」を並べる人がいるが、**ジョブズは自らの意志を貫くためなら規則はもちろん、法律さえも変えてみせるというタフさを持っていた。**速やかな前進を阻むものとは時に戦うことが必要なのだ。

第15話

時間泥棒には「ノー」を突きつける

時間の浪費に付き合っていては、
いくら時間があっても足りなくなる

商談などで肝心の話にちっとも入ろうとせずダラダラと世間話を続ける人はいないだろうか？　あるいは、会議などでさんざん雑談を続けた挙句、気がつけば肝心なことは何も決まっていないという経験はないだろうか？

こうしたことを繰り返していたらあっと言う間に2時間、3時間と時間を浪費することになる。ジョブズはこうした時間の浪費をとても嫌っていた。

ある日、広報スタッフが著名なジャーナリストによるジョブズへの取材をセッティングした。事前の取り決めで時間は45分、インタビューはそのまま手を加えずに雑誌に掲載することになっていた。

ジャーナリストはジョブズの熱烈なファンだった。この機会にジョブズとアップルの魅力をしっかりと伝えたいと意気込んでいたが、いざ取材を始めるとほんの数分でジョブズは不機嫌になり、質問にまともに答えようとしなくなってしまった。

困ったジャーナリストはこう質問した。

「あなたがもし25歳の頃の自分に何かアドバ

時間を浪費させる人には要注意

イスするとしたら何と言いますか？」

答えは辛辣《しんらつ》なものだった。

「間抜けなインタビューは受けるなと言いたいね」

そして「こんなくだらないインタビューに付き合っている暇はない」と言って席を立ってしまったという。ジャーナリストはすっかり意気消沈してしまったが、ジョブズにとって「くだらない質問」にはさっさと「ノー」を突きつけることは必要なことだった。

やる必要のない仕事はどんなに上手にやったところで意味がない。

ムダな雑談や世間話、インタビューに付き合っていれば、時間はいくらあっても足りなくなる。その分、ジョブズは商品開発のためには何度でも、何時間でも時間を割いている。

第16話

時間は限られている。だから懸命に生きる

今日が人生最後の日だと思って生きているか

ジョブズのスピードへのこだわりはどこから来たものなのだろうか？　若い頃からジョブズはスピードに執着し、「なぜこんなに時間がかかるのか理解できない」と平気で口にするところがあった。そのため、周囲の人とぶつかることもしばしばだった。

ある人によると、ジョブズには素晴らしいゴールが見えているが、そこに行くまでには長い道のりがあることが理解できなかったとも言われているが、それほどに「先を急ぐ」のには理由があったのだ。

ある日、ジョブズはアップルのCEOとしてスカウトしたジョン・スカリーを自宅に招き、こんな言葉を口にしている。

「僕らはみな、この地上で過ごせる時間には限りがあります。僕たちが本当に大事なことを本当に一所懸命できる機会は、たぶん二つか三つくらいしかないでしょう。どのくらい生きられるか知っている人はいないし、僕も知りませんが、でも僕には大事なことをたくさんしておかねば、という意識があります」

ジョブズは若い頃から、鏡に映る自分に向

鏡に映る自分にこう言ってみよう

時間をどう使うかで人生は決まる
今日が人生最後の日だとしたら
今日やろうとしていることを
本当にやりたいのか？
今日という1日を
ムダにしないぞ！
懸命に生きよう！

かつて「今日が最後の日だとしたら、今日やろうとしていることを本当にやりたいのか？」と問いかける習慣があった。そこにあるのは「今日という1日をムダにしたくない、懸命に生きよう」という意識だった。

時間はすべての人に平等にあるが、その時間をどのように使うかで生き方も上げる成果も大きく変わってくる。時間はいつだって制約条件であり、時間を巧みに使いこなした人だけが勝利することができる。

スピード仕事術で最も大切なのは、時間を「限りあるもの」としてできる限り有効に使おうという姿勢である。時間は限られていると意識し続ければ、誰もが「より速く、より有効に」時間を使おうとすることになる。

CHAPTER

1

まとめ

ジョブズ流

神も恐れるスピード仕事術

1、相手の都合に合わせるな。
いつだって自分のペースで素早く動け。

2、仕事にはたくさんのムダがある。時間を浪費するな。

3、無茶を承知でゴールを決めろ。案外たどり着けるものだ。

4、判断に時間をかけすぎるな。迷うならそれは「ノー」だ。

5、交渉は段階を踏むな、一気に片を付けろ。

6、他人のペースに巻き込まれるな。ダメなら自分でやればいい。

7、自分の時間と同じように、みんなの時間も大切にする。

8、価値のない仕事を上手にやっても意味はない。
その積み重ねが時間を奪っていく。

9、時間は限られている。1秒たりともムダにするな。

CHAPTER

2

ジョブズ流

神をも凌ぐ
パーフェクト仕事術

第17話

なぜジョブズは仕事に完璧さを求めたのか？

速さと効率だけを重視すれば、あとから問題が生じて結果的に時間をムダにする

ジョブズはものづくりにおいてスピードを求める一方で、完璧さも追い求めている。

たとえば、プリント基板のレイアウトはまっすぐでなければならないなど、ジョブズ以外は誰も気にしないようなところにまで完璧さを求めている。

ジョブズのこうしたやり方に対して「仕事が遅くなる」「コストがかかりすぎる」「効率が悪い」と反論する人も少なくなかったが、ジョブズはまったく意に介することはなく、自らのやり方を貫き通している。

だがジョブズのやり方に対して、次のような疑問を抱く人もいるのではないだろうか。

「スピードと完璧さは両立しないのではないか？」

たしかに細部にまでこだわり、何度もやり直しをしていては「速さ」は犠牲にせざるを得ない。多少納得がいかなくても、速さや効率を重視するのが「スピード仕事術」に思えるが、それは大きな間違いである。

スピードや効率を重視して急ぐあまり、妥協の産物のようなものをつくったとして、

最初に万全の状態でスタートする

人々はそんな商品を支持してくれるだろうか? 答えは「ノー」だ。あるいは、急いでプロジェクトを進めた結果、あとから次々と問題が出てきたらどうだろうか?

完璧さを求めてこだわり抜き、万全の状態でスタートするということは、たしかに最初のうちは遅いように思える。しかし、あとから問題が生じて対応に手間取る方がよほど「時間を食う」ことになる。

つまり、最高の結果を必要としないのであれば、完璧さはスピードの邪魔になる。しかし、**ジョブズのように最高の結果を求めるのなら、完璧さを欠くことはできない。その方が速く、良い結果につながりやすいのだ。**

ジョブズはこう言いきっている。「完璧な製品をつくることに勝る完璧な戦略はない」。

第18話

見えないところにもこだわる

ジョブズの美学と完璧主義は、製品を芸術作品に変える

ジョブズの完璧主義ぶりを表すエピソードは数限りなくある。その一つがユーザーの誰も見ないし見ようとも思わない、プリント基板のレイアウトへの強いこだわりだ。

マッキントッシュの開発に取り組んでいた頃、バレル・スミスがプリント基板のレイアウトをジョブズに見せたことがある。

すでに動作した実績があるものだったが、ジョブズはお構いなしに「美学的見地」から批評し始めた。「そこの部分は本当に美しい。しかし、そこは見苦しいな。ラインがくっつきすぎている」とジョブズが口にすると、新参者のジョージ・クロウがこう反論した。

「プリント基板がどう見えるかなんて、誰が気にするんですか？　大事なのはどれだけうまく動作するかってことでしょう。誰もプリント基板なんて見やしませんよ」

しかし、そんな「まっとうな意見」にジョブズが納得するはずもなく、こう言いきった。

「俺が見るんだよ。俺は箱の中に入っているものでも可能な限り美しくあって欲しいんだ。偉大な大工は、たとえ見えなくてもキャ

見えないところにも気を配る

見えるところも見えないところも完璧に

ビネットの後ろにちゃちな木材を使ったりはしない」

見えない裏側でもちゃんと気を配ってしっかりつくらなければならないというのは、ジョブズが養父ポールから学んだ大切なことの一つだった。

そして**見えないところにまで気を配ってこそ、その商品は芸術的なものになるというのがジョブズの信念だった。**

言い争いは最終的にバレルがジョブズの望むものをつくり、今のものと比べてどちらが正しく動作するかを比べることで決着した。

結果はジョブズの敗北だったが、こうしたジョブズの美学、完璧主義はアップル製品の随所に盛り込まれ、アップル製品を他社とは違う「芸術作品」へと変えることになった。

第19話

「ないのなら「つくって」しまえ

完璧に近づくためには、現実がどうであろうとあきらめない

ジョブズの特徴の一つは「現実に邪魔をさせない」だ。

いくら自分がつくりたい製品の理想像があったとしても、今ある部品や技術で実現できないとすれば、たいていの人はあきらめるものだが、ジョブズの発想は違っていた。

アップルⅡの開発に取り組んでいた時のことだ。ほとんどの設計はスティーブ・ウォズニアックが行っていたが、ジョブズはウォズニアックが気にも留めないし、当時のユーザーも気にしない「コンピュータのうるさすぎる音」が気になって仕方がなかった。

当時のコンピュータの電源は使っているうちにトースターのように熱くなるため、それを冷やすためにファンを回す必要があった。ジョブズは若い頃から禅に凝っていたため、瞑想をするうえでコンピュータのファンの音はうるさくて我慢のならないものだった。

ファンをなくすためには新しいタイプの電源をつくる必要があるが、ウォズニアックはそんなものには何の関心も示さなかった。

しかし、新しい電源をつくることをジョブ

ズはあきらめなかった。

ジョブズはつてを頼って「宇宙始まって以来の偉大な設計者」ロッド・ホルトを見つけ出した。巧みにホルトを口説き落として、仲間に引き込み、数週間後には見事に熱の発生が少なく、小型軽量のスイッチング電源をつくり上げている。それまでよりはるかに静かなコンピュータが誕生したのだった。

それまで電源はどこかの店で買ってくるだけのものだったが、アップルⅡ用に開発した新しいタイプの電源は電子機器の電源に大きな革命を起こすことになった。

必要なものが「今ない」からといって、それは「ずっと手に入らない」とイコールではない。ないのならつくってしまえばいい。それが「完璧」への近道なのだ。

第20話

人の話は95%「捨てる」

アドバイスは聞くが、取り入れるかどうかは自分次第

完璧な製品をつくり上げるためには何が必要なのか？　それは抵抗を打ち破るところにある。ジョブズは製品がダメになる理由について、モーターショーのいかした試作車が見るも無残な量産車になる例を挙げている。

「一体何があったんだ、ということになる。ちゃんとできていたのに。勝利目前でわざわざ敗北を引き寄せるなんて。何があったのかというと、デザイナーたちがこの素晴らしいアイデアを思いついた。そこで技術者のところへ持っていくと、『ダメだ、できるわけがない』で、大幅に改悪される。次に製造部門へ持っていくと、『つくれやしない』で、また大幅に改悪されるという寸法だ」

たとえばアスリートにとってみんなの意見に耳を傾ける姿勢はとても大切なことだが、一方で何でも「聞きすぎる」とダメになってしまう。有望なアスリートのもとには「こうしたらどうだ」「ああしたらどうだ」と親切心からアドバイスをする人がたくさん近づいてくる。そこに悪意はなくても、そのすべてを「はい、そうします」と聞いて実践してい

意見を聞いても、決めるのは「あなた」である

ては、何が自分に必要なのかがわからなくなり、自分の強みが失われてしまう。人の話に耳を傾ける素直さは必要だが、「95％捨てる」くらいの度胸も必要なのだ。

ジョブズによると、完璧な製品をつくるためには中途半端な意見はすべて無視するほどの意志の強さ、頑固さが欠かせないという。実際、周囲はたくさんの「できない理由」を言ってくる。そんな時にはこう言い返すのだ。「いや、これはやるから。理由はＣＥＯは僕で、その僕ができると思うからだ」

多くの人にとって、人の意見を押し切るのはなかなか大変だが、「聞く」ことと「取り入れる」ことには大きな違いがある。

完璧を求めるには「聞いたうえで、最後は自分で決める」という覚悟が不可欠なのだ。

第21話

「そこそこ」で妥協しない

言いたいことは全部わかった。
でも、僕のためにがんばってくれないか

「完璧を求める仕事術」には一つの大きな障害がある。いくら本人が「これじゃあダメだ、最高のものをつくるためにはこうしなければ」と強く思ったとしても、部下や取引先の人たちが「そんなの無理ですよ、できっこありません」と頑《がん》として受け入れなかったとしたらそこで大きな壁にぶつかることになる。

上司がいくら「ああしたい、こうしたい」と思っても、時間がないとか、マンパワーが足りないといった状況に追い込まれると、ほとんどの人は部下がつくった「そこそこ」の成果物をそのまま受け入れることになる。あまりに強く言いすぎるとパワハラになるし、期日遅れという最悪の事態を回避するためには「そこそこ」で妥協することになるだろう。

こうした妥協を若い頃から一切しなかったのがジョブズである。

iPodの開発を進めていた時のことだ。ジョブズと15年間も一緒に仕事をしてきたジョン・ルビンシュタインは、ジョブズのあまりに無茶な要求にこう言って反対した。

「この要望とこの要望は両立できない。目下

「そこそこの仕事」は絶対受け入れない

「完璧さ」は厳しさの中から生まれる

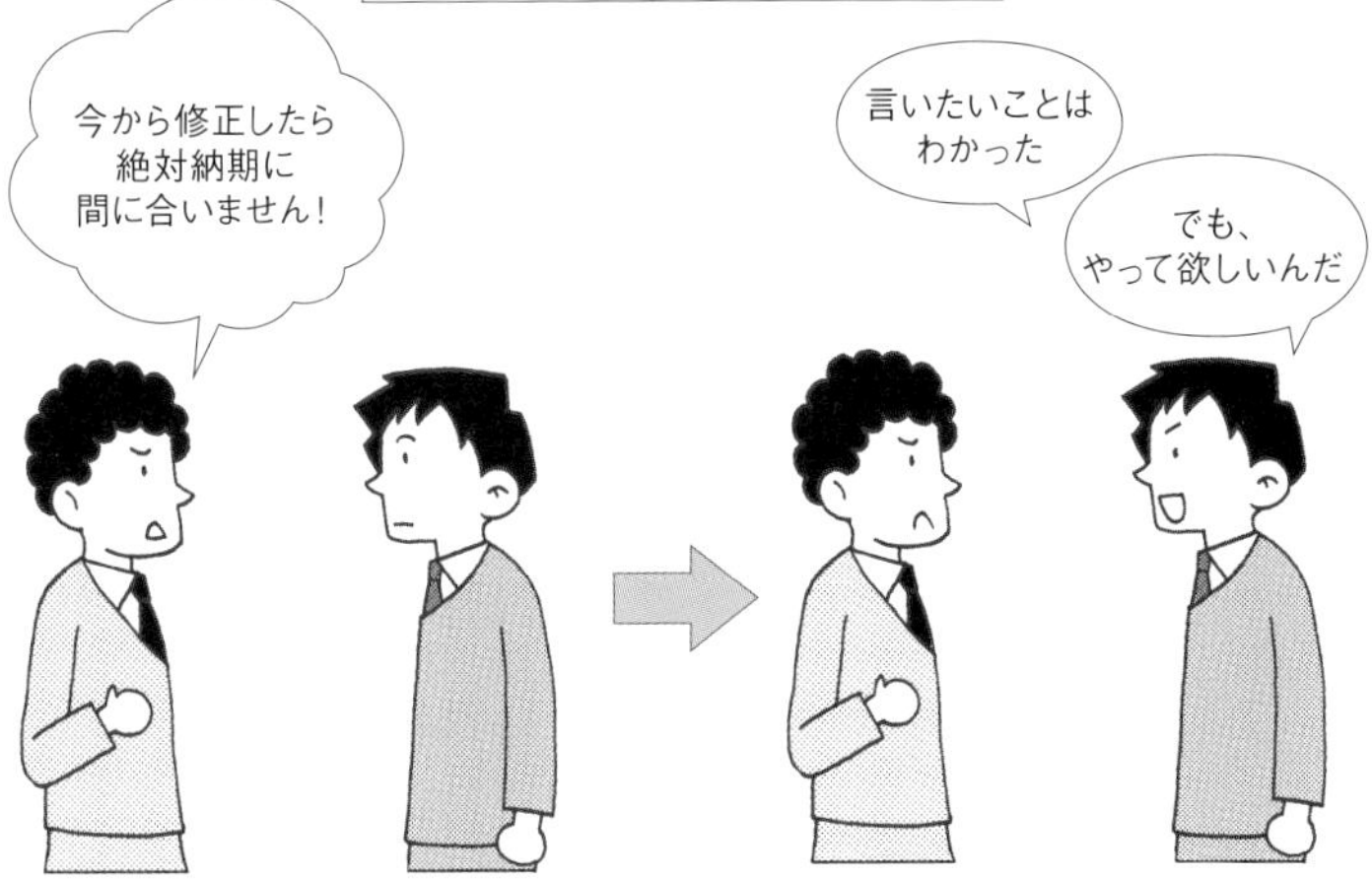

の問題はこれで、僕の提案はこれだ」

　さすがにいきなり「ノー」は言わない。理由も丁寧に説明し、「こうしたらどうだろう」という代案も出している。この場合、ジョブズは理にかなった代案は受け入れるが、絶対に譲れない点についてはこう主張する。

「**言いたいことは全部わかった。でも、僕のためにがんばってくれないか**」

　ルビンシュタインの答えはたいてい「オーケー、何とかしよう」だ。

　完璧を目指すなら、「そこそこの仕事」は絶対に受け入れてはダメだ。もし厄介な仕事から逃げたい言い訳に、上司が頑として耳を貸さなかったら、部下は「どうすればできるか」を考える他はない。「完璧さ」はそんな厳しさの中からもたらされるのである。

第22話

「ほぼ完璧」ではなく「完璧」を期す

完成間近に間違いに気づいたら?
あとで直すのではなく、1からやり直せ

たとえば仕事が9割方進んで、「あと少しで完成だ」という時に間違いに気づいたらどうすればいいのだろうか? 締め切りはもうそこまで迫っているにもかかわらず、だ。

こんな時、たいていの人は「ここまでやったのだからこのまま進めよう。期日に遅れるわけにはいかないから」と先へ進み、間違いは「あとから直す」のに対し、ジョブズは躊《ちゅう》躇《ちょ》なく「リセットボタン」を押してしまう。

ジョブズはアップル製品を自分たちの手で売り、お客に最高の購買体験を提供するために、直営店アップルストアのオープンを企画した。そのために、大手スーパーや大手衣料品の大物たちをスカウトし、その準備を着実に進めていた。

いつものように修正や調整を繰り返し、ようやく2000年に、プロトタイプ(試作品)がほぼ完成に近づいた頃、大手スーパー出身のロン・ジョンソンが「僕たちは間違っている」と、とんでもないことを言い出した。

考えるべきは製品だけでなく、デジタルの未来であり、アップルストアもそれに合わせ

締め切り間近でも1からやり直す

て変えるべきだというのだ。

これにはさすがのジョブズも激怒したが、しばらくしてジョンソンの正しさを認め、1からやり直すように指示をし、こう言った。

「正しくやれるチャンスは1回しかないんだ。良くない部分があった時、それを無視して、あとで直せばいいというのはダメだ。そんなのは他の会社がすることだ」

大切なのは最初から「最善」で勝負することだ。そうすればスタートは遅くなっても、そこからは圧倒的な支持を得て、一気に加速することができるのだ。

完璧を目指すなら絶対に妥協をしてはダメだ。時間やコストがかかるように見えても、完璧は圧倒的な強さをもたらしてくれるのだから。

第23話

最高のものをつくるためには過酷な要求もいとわない

うまくいくまでやり直しだ

ジョブズの完璧主義は製品づくりにだけ発揮されたわけではない。ジョブズの信念は「最高の製品には、それに相応しい最高の発表の場を」だ。

ジョブズには、くだらない製品を宣伝の力を借りてヒットさせようという気はさらさらない。**自分たちは最高の製品をつくったのだから、それに相応しい発表の仕方をすれば、間違いなく大ヒットするという考え方だ。**

アップルに復帰したジョブズの最初の大ヒット製品はｉＭａｃだが、その発表会の準備にジョブズは多くの時間を割いている。発表会前日、ジョブズはステージに登場する5台のｉＭａｃに当てる照明のタイミングや強さがどうしても気に入らず、何度もやり直しを命じていた。

ジョブズの指示はあまりに細かいものだった。カーテンが開いてｉＭａｃが登場する1秒前に照明を点灯しろとか、輝きを強調するためにもっと照明を強くしろとか、それは舞台監督さながらの指示だった。ところが、何度やり直してもうまくいかなかった。しびれ

最高の製品には最高の発表の場が相応しい

を切らしたジョブズはこう言った。

「ダメダメ、全然ダメ。何度言ったらすむんだ」

さらにこう付け加えた。

「うまくいくまでやり直しだ」

その様子を後ろで見ていた記者たちはあきれ果ててしまった。明るさだの、タイミングだの、大切なのは製品を発表することでライトの当て方じゃないだろう、と思ったのだ。

しかし、いざ本番当日になって美しく輝くｉＭａｃを見た記者たちは「彼は正しかった」と確信することになった。

ジョブズは「完璧主義者」だ。頭の中の「こうあるべき」を極限まで追求するために、時にそれは過酷な要求になることも多いが、でき上がったものは必ず最高のものになる。

第24話

「最後の一筆」を躊躇しない

最後に妥協を選べば、最高から最悪へ転落する

トヨタの主査を務めた人によると、最高の車をつくるためには万全の準備と「最後の一筆」にあるという。準備の大切さはわかるが、「最後の一筆」とは何のことだろうか？

すべての設計が終わり、「生産の準備だ」となった時、どうしても気にかかる点があったとする。直すとなるとそれまでにかけた時間やお金がムダになるし、さらに時間やお金がかかることになる。それを思えばたいていの人は「今回は目をつぶり、次で直すか」となるが、それでは最高の車はつくれない。

最高の絵は「最後の一筆」を間違えると、すべてが台なしになる。ものづくりも「最後の一筆」を躊躇すると最高から最悪へと転落する。主査には時間やお金がかかっても最後の一筆のために「直す」という決断力が不可欠だ、というのがトヨタマンの経験談だ。

ｉＰｈｏｎｅの開発が進み、完成までもう少しというところに来た時、ジョブズが「こんなんじゃダメだ」と言い出した。当初はガラスのスクリーンがアルミニウムのケースにはめこまれており、「力一杯、効率的に仕事

すべての商品は「最後の一筆」で決まる

をこなすぞ」という感じになっていたことにジョブズが突然「ノー」を言い出したのだ。

ジョブズが一旦こうと決めたらやり直す他はない。ジョブズは9ヶ月間必死にやってきたが変えることにしたと伝えたうえで、「これから全員、夜も週末も働かなきゃいけなくなった」と通告している。「希望者には、我々を撃ち殺す銃を配布する」とまで伝えたが、そんな人はいなかったし、「アップルを誇りに思った」とさえ口にした人もいたほどだ。

結果、iPhoneは「世界を変える商品」になったばかりか、アップルをさらに成長させる原動力となった。

本当に完璧な商品になるかどうかは「最後の一筆」で決まることになる。**仕事では最後の最後まで粘り抜く執念が欠かせない。**

第25話

成功に満足せず、卓越への欲求を持ち続ける

ほどほどの満足は、慢心と質の低下という落とし穴を招く

アップルを去ったジョブズは、同じコンピュータ関係の会社ネクストを創業するとともに、ピクサーも創業している。ピクサーは『トイ・ストーリー』によってアニメーション映画の世界に革命を起こしたのち、ヒットを連発したことでも知られている。

ピクサーには一つの不文律がある。それは「ピクサーが手がける作品の基準は、『常に卓越した作品』でなければならず、凡庸な作品であれば、つくる必要はない」というものだ。

ピクサーの基礎を築いたのはエド・キャットマルやジョン・ラセターだが、ここでもジョブズの「卓越未満のものは決してつくらない」という完璧主義の影響が色濃く出ている。

常に「卓越した作品」をつくるためには何が必要なのか？　キャットマルによるとそれは「内省」となる。**成功した会社や人は「成功に満足」して、「それ以上」を追い求めなくなる。自分のやったことに満足して、そこに安住してしまうからだ。結果、そこに慢心が生まれ、質の低下が起こる。**

そうならないためにピクサー社内で行って

卓越した結果を残すには「内省」が必要

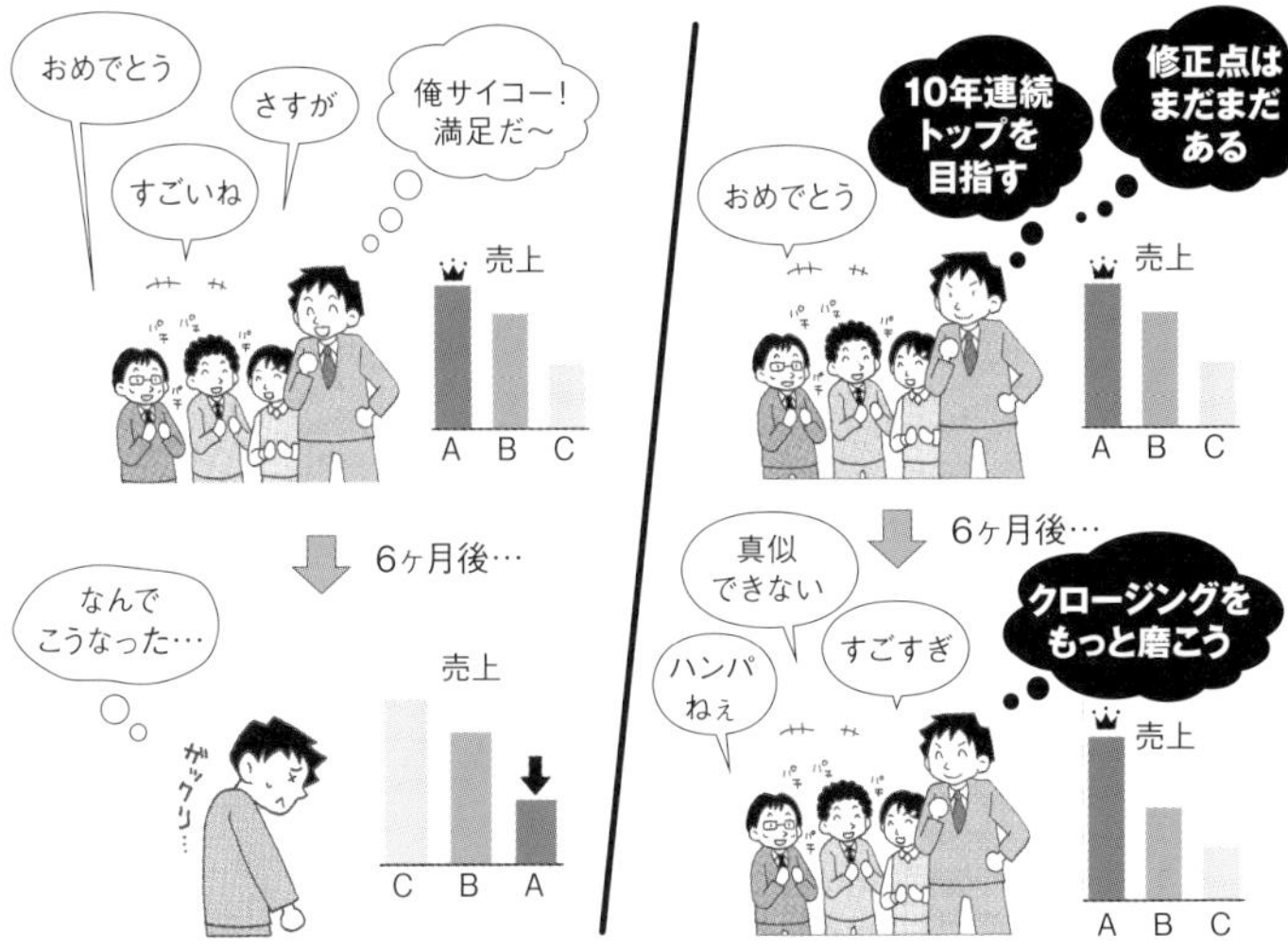

いるのが、一つの作品をつくる度に行なう「内省」だ。制作に関わった全員が「次の作品でも繰り返しやりたいこと」と「次の作品では避けたいこと」を話し合うことで、常に「より良いもの」を求め続け、それが作品の質の高さへとつながっている。ジョブズも月に1回はピクサーを訪れ、こう問いかけている。

「お前たちがやりたいのは本当にこんなことか？」

問いかけることで「決して妥協して後悔しないこと」「本当に満足するまで徹底的につくりこむこと」を考えさせているという。

成功が続くと「ほどほどで満足」するようになり、そこには落とし穴が待ち受けている。だからこそ成功すればするほど「卓越」への欲求を持ち続けることが何より大切なのだ。

第26話

基準を他人任せにしない

質を測る物差しに、自らならなければならない

ジョブズの特徴の一つは、製品づくり、宣伝、プレゼンにおいて自分が納得するまでしつこいほどに口を出し、遠慮なく怒り、何度でもやり直しをさせることにある。なぜそこまでこだわるのだろうか？　理由はこうだ。

「質を測る物差しに自らならなければならない。卓越さが求められる場に慣れていない人もいるからだ」

ジョブズの強さの秘密、それは自らの物差しに絶対の自信を持ち、「いいもの以外にはとことん口を出し続ける」点にある。

アップルの発表会のリハーサル中、ジョブズは1人の社員の説明に細部までこだわり続けた。何度注意しても進歩のない社員にジョブズはこう最後通牒《さいごつうちょう》を突きつけた。

「お前の説明はまったくなってない。組み立て直せないならお前の分ははずす」

社員は大変なショックを受けた。周囲からはジョブズが個人的につらくあたっているように見えたし、「何もそこまで言わなくても」と感じる人も多かった。

ところが、言われた通りにやり直してみると

いいものをつくるにはとことん口を出す

と、その社員の説明は見事なものになり、周りの人からも、そしてジョブズからも「よくやった」と言われるほどの出来栄えになった。

社員はジョブズが正しかったことを理解し、ジョブズが能力を引き出してくれたことに感謝することになった。

「何がベストか？」の尺度は人によって違うが、「これが卓越したものだ」という尺度がハッキリしないと、でき上がったものは平凡なものに終わることがほとんどだ。だからこそ、ジョブズは「自ら物差しになる」ことで「卓越」を追求し続けている。

自らの物差しを信じ、決して「卓越以下」で我慢しないことが最高の仕事を生み続ける秘訣なのだ。

第27話

「みんなに愛されるもの」をつくる

必要ならば、難しいものにもあえて挑戦する

製品でも作品でもサービスでも「みんなに愛されるもの」をつくることはとても難しい。

ましてや今日のように消費者の嗜好が多様化した時代には「みんなに愛される」は失敗への一本道で、むしろ「一握りの人に愛される」ものこそがヒットし、時に大ヒットすることがほとんどだ。

アップルに復帰したジョブズが最初にやったのは「みんなに愛される」を目指したたくさんのがらくた製品を一掃して、一般消費者またはプロフェッショナルユーザーを対象にした2種類のノートパソコンと2種類のデスクトップに絞り込んだことだ。そこにあるのは「みんなに愛される」よりも「一握りの人に熱狂的に支持される」ものづくりだ。

しかし、そんなジョブズもパソコンを動かすための新しいOSに関してはまるで違う考えを持っていた。目指したのはピクサーの映画がそうであるように、子どもにも親にも愛されるOSだった。そんな「OSX」についてこう言った。

「一つはプロのユーザーに役立つ、はるかに

「プロ」も「素人」も欲しがるものをつくる

強力なインターフェースにすることだ。もう一つは、それと正反対だが、これまでパソコンを触ったことがない人たちが夢に描くようなインターフェースにすることだ」

言わば折り紙付きのプロだけでなく、パソコンがほとんどわからない素人も使いこなすことができて、かつ満足もする「完璧なもの」をつくろうというのがジョブズの目論見だった。

「みんなに愛される」を目指すと「誰にも愛されない」ものになりやすいが、そこをあえて目指すのがジョブズのやり方だ。

ＯＳＸはやがてマイクロソフトが模倣したのはもちろんのこと、ｉＰｈｏｎｅに搭載されることで世界中の人たちが使うものへと進化することになった。

第28話

誰にとっての完璧かを考える

マニュアルなしでも使いこなせる製品をつくる

ものづくりにおける「完璧」とは何だろうか。最初のアップル時代、ユーザーマニュアル作成の担当者が「マニュアルは高校3年生でも読めるように書かなくてはいけない」と言ったところ、ジョブズはこう反論している。

「いっそ小学校一年生に書いてもらった方がいい」

当時、ユーザー向けにわかりやすくしっかりとしたマニュアルをつくる企業はなかったし、マニュアルの中身やデザインにこだわる企業もなかった。しかし、ジョブズは当時からユーザーのためになる、あらゆるユーザーが理解できるものを求め続けていた。

その後、わかりやすいマニュアルは他社のお手本となったが、ジョブズの考え方はさらに進化していくことになった。

ジョブズが目指したのは、**分厚いマニュアルなどなくても、誰もが直感的に簡単に使いこなすことのできる製品をつくることだった。**実際、家電製品についているマニュアルは消費者の頭痛の種だった。

消費者はマニュアルの厚さに圧倒され「こ

「完璧」は「自己満足」ではなく「ユーザーのため」にある

マニュアルが必要な製品
読むの
大変～
マニュアル
マニュアルがいらない製品
マニュアル
がなくても
よさそう

れを読まないと使えないのか」と考えるだけで嫌になり、結局は多くの機能の中から、使い慣れた機能だけを使うことになる。

そこでジョブズは完璧なマニュアルではなく、マニュアルなしでも簡単に使いこなせる「完璧な製品」を目指した。

文字の読めない南米コロンビアの6歳の少年が、使い方も教わっていないのにiPadを「何となく使いこなした」というニュースを見たジョブズは大いに喜んだという。

「完璧な製品」というとほとんどの企業は「自社にとっての完璧」を求めがちだ。

ジョブズはそこに「ユーザーにとって」を加えるところに大きな違いがある。完璧は自己満足ではなく、ユーザーのために存在してこそ価値を持つ。

第29話

自分の仕事を完璧にこなしただけでは勝てない

完璧な商品には完璧な販売が欠かせない

「発明を完成させることと、発明を市場へ送り出すことはまったく別のことだ」とは発明王トーマス・エジソンの言葉である。発明はとても難しいことだが、どんなすぐれた発明品も何もしなければ市場に出ることはない。

ジョブズも同様の考えだった。アップルに復帰したジョブズはｉＭａｃなどのすぐれた製品をつくることはできたが、アップルの販売力には限界があることもよく理解していた。これでは世界を変えられないし、完全な勝利を収めることもできない。

そこで考えたのが、アップルの手でアップル製品を消費者に届けるために、アップルストアを世界へ展開することだった。

ジョブズによれば大型チェーン店の店員にとって大切なのは「50ドルの売上報奨金」であり、売るものはアップル製品だろうがデル製品だろうが何でも良かった。これではより安く、より売りやすいコンピュータが売れるのは当然のことだった。

完璧な商品には完璧なプレゼンが欠かせないと考えるジョブズにとって、販売も完璧に

製品やケースだけでなく販売するお店も完璧に

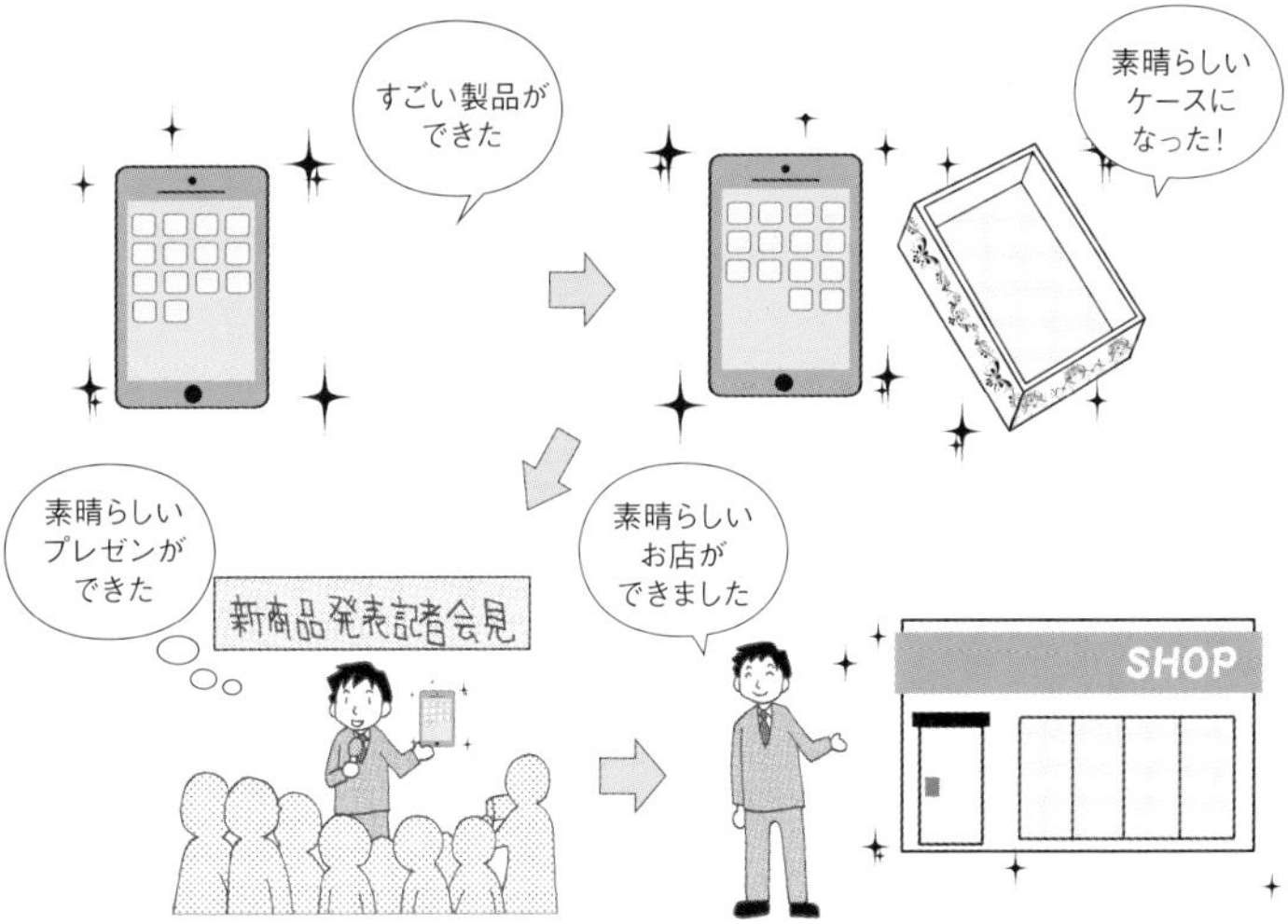

するというのはごく自然な、そして不可欠な仕事だった。ジョブズはこう言っている。

「アップルが成功するためにはイノベーションに勝利しなければならない。そして、消費者に伝えることができなければ、イノベーションで勝利することはできない」

いいアイデアがあればすぐに実行に移すのがジョブズである。ジョブズは小売りのプロ中のプロをスカウトするやアップルストアのモデルづくりに着手、２００１年５月に１号店をオープン、２００４年には小売業界で節目とされる売上高10億ドルまでの最短記録をつくるほどの成功を収めている。

完璧に勝利するためには製品開発に始まって宣伝やプレゼン、さらには販売まですべてが完璧でなければならない。

CHAPTER

2

まとめ

ジョブズ流

神をも凌ぐパーフェクト仕事術

1、細部にこだわり抜け。
細部にこだわってこそ完璧な仕事が可能になる。

2、「できない言い訳」は受け取るな。
「できる」まで決してあきらめるな。

3、問題に気づいたら躊躇なくやり直せ。「あとで直せばいい」と言う奴がちゃんとやり直したためしはない。

4、完璧かどうかを誰が判断するのか？
自分以外に決められる人はいない。

5、「完璧の基準」は進化する。常に「より良く」を目指し続けろ。

6、完璧な仕事は誰のため？　それを必要とするユーザーのためだ。

CHAPTER

3

ジョブズ流

超ダンドリ仕事術

第30話

なぜジョブズは事前の準備を大切にするのか？

これ以上ないというほど、準備に万全を期す

ジョブズの仕事の特徴は圧倒的なスピードにある。加えて速さが完璧さを犠牲にすることなく両立しているところに驚きがある。

スピードを優先すればどうしても質が犠牲になりやすい。ジョブズがその両方を成立させることができたのはなぜだろうか？　その理由はスタート前の準備の巧みさにある。

ジョブズは相手と交渉に臨むにあたって、自社にとって絶対に譲れないものや守らなければならないものをきちんと見極めてから行なう。そうすると、どうでもいいような項目まで逐一時間をかけて交渉せずとも、本当に大切なことについてだけ話し合えばいい。

結果、普通は何ヶ月もかかる交渉をほんの短い期間で決着させることができる。

ジョブズは短い生涯で、何度も世界を変えるほどの製品をつくり、そのプレゼンはいつも人々を魅了し続けてきた。

こうした成功は偶然もたらされたわけではなく、すべては万全の準備があってこそのものだったのだ。

準備を怠ること、それはやる前から失敗の

準備を完璧にすると余計な手間がない

言い訳をしているのと同じだ。

プレゼンに臨む時、ジョブズはスライドの1枚1枚に至るまで、社員の説明の一言一句にまで注文をつけることで、最善に向けて万全の準備を怠らなかった。

製品開発でも同様だ。決めてからのジョブズは素早いが、決めるまでには何度でも試作をやり直す。それどころか、納得がいかなければリセットボタンだって平気で押してしまう。**やるなら常に完璧なものを目指す。そして完璧さは、万全の準備なくしては成り立たないことを知っているのだ。**

仕事の成果は偶然からは生まれない。成果を上げたいのなら、いつだって「もうこれ以上できない」というほどの準備を心がけるべきなのだ。

第31話

身なりを整える

君は表紙を見て、本を買うべきか否か判断するだろう?

マッキントッシュを発表した頃から、ジョブズは「プレゼンの名手」として世に知られるようになるが、初めからそんな名手だったわけではない。

それどころか外見的にはまったく無頓着な汚いヒッピーに過ぎなかった。ウォズニアックも似たり寄ったりだったが、特にジョブズは風呂にも入らず裸足で歩き回っていたため、「汚い」「臭い」と言われるほどだった。

1976年、アップルIの成功で多少の現金を手にしたこともあり、第1回パーソナルコンピュータフェスティバルに出展をした。ウォズニアックがつくり上げたアップルIの性能はたしかに良かった。

ところが、当時のアップルIはケースにも入っていないただのアマチュア作品で、アップルのブースもみすぼらしいものだった。テーブルの上にあるのはアップルIの試作品とマニア向け雑誌のコピーと名刺だけ。

しかもジョブズとウォズニアックは長髪のひげもじゃなのだから、ブースに近づく人すらほとんどいなかった。

人は見た目で判断する

そんなジョブズを変えたのがマイク・マークラだ。マークラはジョブズに「見た目」の大切さを教え込んだ。

やがて2度目のコンピュータフェアに臨んだジョブズは、きちんとスーツを着込んで身なりを整え、アップルⅡを格好いいプラスチックケースに入れただけでなく、ブースのデザインにも大金を投じ、まるで大企業のように振る舞った。

万全の準備で臨んだアップルのブースは他社を圧倒した。会場を訪れた人々は美しく、そしてダイナミックな映像を大型スクリーンに映し出すアップルⅡの機能に驚いた。数ヶ月で300台もの注文が入ってきた。

勝つためには、リングに上がれなければ意味がない。それがジョブズの学びだった。

第32話

本当に大切なことだけを徹底議論する

議論する価値のあることを見極めて勝負する

会議や交渉でテーマを絞ることはとても大切だ。焦点が定まらないままに、話し合っていると、いつまでたっても何も決まらず、ただ時間を浪費することになる。

ジョブズは、アップルを追放された1985年にコンピュータ会社ネクストを創業した。同社が開発したオペレーティングシステム（OS）の「ネクストステップ」は業界の注目を集めることになり、巨大企業IBMもネクストステップに目を付けて、ライセンス契約を希望した。

IBMと言えば、マイクロソフトを巨大企業にするうえで最初の貢献をした企業である。これがうまくいけば、ネクストはマイクロソフトに取って代わるチャンスだった。

ところが、ジョブズはその契約書をゴミ箱に捨ててしまった。理由はIBMの用意した契約書が100ページを超えていたからだ。

アメリカでは何百という項目について取り決めるのが常識だが、ジョブズは自分と一緒に仕事をしたいのなら5～6ページのシンプルな契約書にしろ、と要求したのだった。

何事もシンプルにする

何事もシンプルさを好むジョブズは、細々したことを逐一話し合うのではなく、**本当に重要なことだけを選び、それについて徹底的に議論することを好んだ。**

普通はこんな無茶をすればすべては白紙になると思いがちだが、ＩＢＭはジョブズの要求をのみ、契約が成立した。ネクストには何百万ドルもの資金が入ることになった。

最終的にＩＢＭの社内事情により、ネクストがマイクロソフトに取って代わることはなかったが、ジョブズはネクストステップを武器にアップルに復帰することになった。

交渉を有利に運ぶためには、自分が整理に手間取るような、ムダに複雑なことを抱え込まないことだ。そして、前段階で勝利しない限り本番での勝利は望むべくもないのだ。

第33話

会議や交渉で信頼を得る方法

私たちが問題にしている重要事項はこれだけだ

会議などで話し始めたはいいが一体何を言いたいのか要領を得ない人がいる。話は長いうえにまとまりがなく、結論も一向に見えてこない人というのは本当に始末が悪い。なぜそんなことになるのだろうか？

焦点を絞れないのは内容をきちんと理解しておらず、優先順位がつけられていないからだ。そのため「あれもこれも」と話しているうちに本人さえ「自分は何を言いたかったのだろう」という迷路に迷い込むことになる。

ジョブズが復帰する前のアップルとマイクロソフトの交渉はまさに迷走状態に陥っていた。両社は以前から長期に及ぶ厄介な特許訴訟を抱えていたのだ。

ところが、復帰したジョブズが「**私たちが問題にしている重要事項はこれだけだ**」と交渉の焦点を絞ることで一気に解決へ導いていくことになった。マイクロソフトの担当者はこう感じた。

「彼は全体像を見て何が必要かを見極める。それで我々は、この男ならアップルの社員に両社の合意を納得させることができると踏ん

会議前は「重要事項は何か？」を考える

焦点を絞ればブレることはない

だのだ」

結果、ビル・ゲイツはマック版オフィスの開発の継続と、1億5000万ドルの投資をジョブズに約束することになった。

交渉というのは「その場」だけで決まるわけではない。相手の何倍もの準備を行い、しっかりと情報収集して、勝ちを確実なものにして臨んでこそ勝利を手にできる。

ジョブズはこれまで幾度もの交渉を行い、幾度も修羅場をくぐっているが、いつだって勝つための準備は抜かりなかった。

会議や交渉に臨む時には、常に「重要事項は何か？」を問いかけるといい。焦点さえ絞ってしまえば、何を話すか、何を決めるかがブレることはない。そこには信頼も生まれることになるのだ。

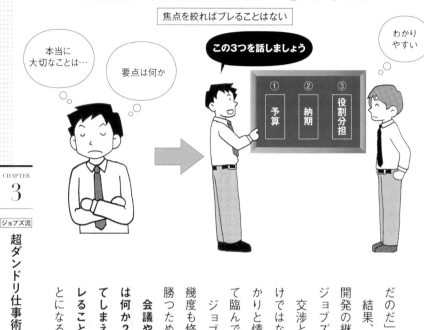

第34話

やらなくていい仕事を「捨てる」

集中と簡潔が私のモットーなんだ

仕事で最高の成果を上げるためには何が必要なのだろうか？　一つはくだらない仕事、やっても意味のない仕事をさっさとやめてしまうことだ。

たとえば、ほとんど需要のない、競争力のない製品をつくるために長い時間をかけても、あとに残るのは膨大な赤字だけだ。だったら、そんな仕事はばっさりと切り捨てるべきだ。そして本当にやる価値のある仕事、ライバルに勝てる仕事に集中する方がいい。

アップルに復帰したジョブズが最初にやったのはインクジェットプリンターや携帯情報端末であるニュートンのような見込みのないたくさんの製品を整理することだった。

コンピュータのラインナップもたくさんあり、それぞれに数多くのモデルがあるために、「AとBは何が違う？」とジョブズが尋ねても、明確な答えは返ってこなかった。

当時のアップルは、見込みのない製品や差別化のできていない製品をつくり、たくさんの在庫を抱え込んでいた。社員もそんな製品づくりや在庫管理に膨大な時間を割いてい

やらなくてもいい仕事を見極める

た。これでは市場で勝てるはずもない。

市場で勝つためには、すごい製品をつくることが必要だ。そのためには、本当に才能のある人たちが見込みのある製品だけに集中して仕事をする環境づくりが欠かせない。才能ある人間にくだらない仕事をさせるのではなく、意味のある仕事をさせてこそ勝てる、というのがジョブズの信念だ。

「四つの製品プラットフォームが整えば、それで十分だ。その一つ一つに一流のチームをあてがうことができる。集中と簡潔が私のモットーなんだ」

成果を上げるために最初にやるべきは「やらなくてもいい仕事」を整理することだ。そうすれば「やるべき仕事」にとことん集中することができる。

第35話

得意な仕事だけに集中する

ムダな努力をするよりも、ムダなことをやめる

成果を上げるためには、今手がけている仕事について「ムダなもの」と「ムダではないもの」に分けて整理することが必要だ。ムダな仕事にどれほど多くの時間を割いたとしても、成果につながることはない。

今やっていることの整理整頓はもちろん欠かせないが、より長い目で見れば、自分が手がけるべきものとそうでないものを早くに見極めることができれば、成果により近づくことができる。

ジョブズは、自らが得意とする新製品開発や基調講演、重要な交渉などについては決して人任せにせず、自分の責任で行っている。しかし、ピクサーにおける映画監督などには決して手を出すことはなかったし、口出しも本当に重要な時以外は絶対にしていない。

「得意なことに集中すべし」がジョブズの信念だが、それは新製品開発でも顕著に表れている。たとえば、当時のパソコン販売のトップランナーだったデルと価格で競うだけのコンピュータ開発には決して乗り出すことはなかった。「世界はこれ以上デルやコンパック

本当に得意なことに集中する

を必要としていない」というのが理由だった。

さらに一時期は人気のあったＰＤＡなどにも一切手を出していない。

企業は大きくなるにつれて、つい「あの会社がやっているから」「これが流行っているから」と得意でもなく、勝ち目も薄い分野についい出て行こうとする。しかし、かけた労力や資金に見合う結果が得られることはほとんどない。そんなムダな努力をするよりも本当に得意なことに集中する方がはるかにいいというのがジョブズの考え方だ。

成果を上げるためには「何をやるか」「何をやらないか」をしっかりと見極め、「ノー」を言うことも大切なのだ。

やらなくてもいい仕事に時間をかけるほど人生は長くない。

第36話

フォーカスとは「ノー」と言うこと

時には大胆な整理をする

ジョブズは製品開発においても、製品のラインナップについても不要なものを次々と切り捨てる大胆な「ノー」を信条としている。

多すぎる製品ラインナップは人や資源の集中を妨げ、たくさんのムダを生み、膨大な在庫の山を築くことになる。そんなムダな製品はどんどんなくしてしまえばいい。そうすれば本当に得意な価値あるものに集中できる。

製品開発においても他社の動向など無視して「やらない」と最初から「ノー」を言う。こうした徹底した「整理整頓」を行なうことがアップルに復帰したジョブズの最初の仕事であった。お陰でアップルは瀕死の状態から何とか立ち直ることに成功したのだ。

しかし、時にジョブズの「ノー」はみんなを驚かせることも珍しくはなかった。

たとえばiPodの開発に際し、ジョブズは電源ボタンをなくしている。いちいち電源を操作しなくてもすぐに使え、自然と低消費電力モードになり、そして電源が切れる方がいいという考え方だ。

あるいは、操作ボタンの数をギリギリまで

本当に必要なもの以外は「ノー」

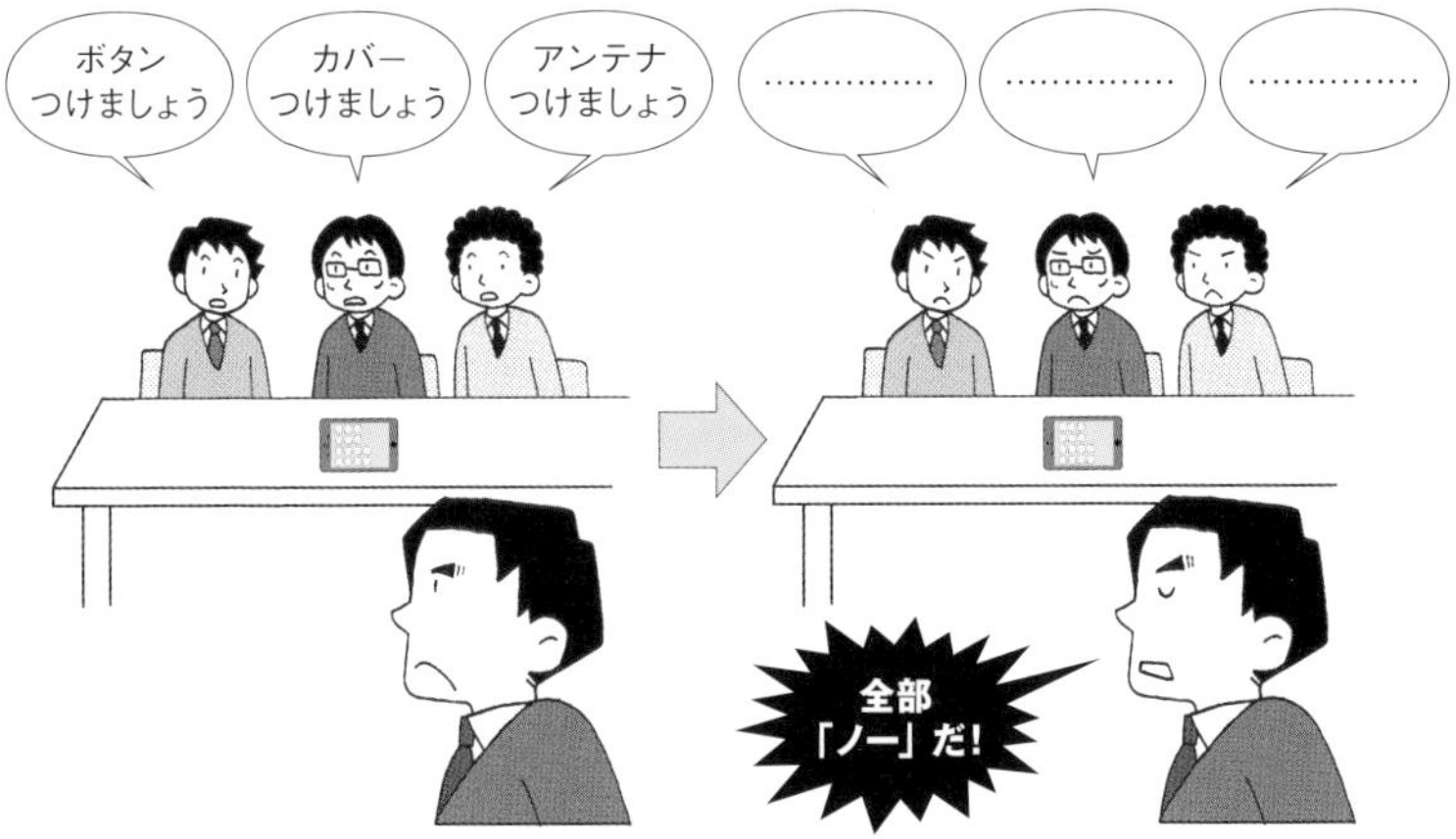

減らしたかと思うと、iMacの開発では当たり前のようにあったフロッピーを不要だと決めつけてもいる。なぜだろうか？

新製品の開発というのは「機能過多」になる傾向がある。「あれも入れたい、これも入れたい」と機能を詰め込むうちに、操作は複雑になり、誰も使わない機能ばかりが増えていくことになる。

ジョブズはこうした複雑で不要な機能も大胆に「整理」し、

「フォーカスとは『ノー』と言うことである」

と言っている。

整理整頓の行き届いた、ものの少ないオフィスでものを探すのはたやすいことだ。同様に製品も整理整頓されたシンプルなものはとても使いやすくなる。

第37話

プレゼンでパワーポイントを使わない

スライドが必要なのは、話していることがわかっていないから

講演やプレゼンに臨む時、最も力を入れる準備といえば、ほとんどの人がパワーポイントで映す図表や画像の作成を思い浮かべるはずだ。

どれだけ美しく質の高いものをつくるかによって聞き手の印象が変わるからと、時間をかけて準備を行い、説明の練習にも余念がない人は少なくない。しかし、ジョブズはこうしたプレゼンのやり方が大嫌いだった。

iPod開発に向けて、ジョブズの了解を得るための会議の席上でのことだ。開発担当者トニー・ファデルは、用意したモデルを見せる前に、MP3プレーヤー市場をスライドで分析し始めた。

ところが、スライドがスタートして1分もたたないうちに、ジョブズはいらだち始めた。「スライドが必要なのは、自分の話していることがわかっていない証拠だ」がジョブズの持論であり、その説明はムダそのものだった。ファデルはスライドをすぐに打ち切り、モデルの説明に移った。すると、ジョブズはたちまち生き生きとしてきたという。

本当に理解して発表すれば資料は必要ない

ファデルがかつて働いていたフィリップスにおいて、製品の開発決定をするにはたくさんのプレゼンが必要だった。もしパワーポイントを駆使せずに説明に臨んだなら、誰も話など聞いてはくれなかった。

しかしジョブズにとっては、パワーポイント用の図表作成に時間をかけるぐらいなら、手で触ることのできるモデルが用意されている方がはるかにありがたかった。

パワーポイントなしでもしっかりと説明できるほど内容を理解しつくす。それでこそ相手に説得力をもって話すことができるのだ。

会議やプレゼンに臨む時、本当に行なう準備は美しい図表ではなく、しっかりとした内容の理解と説得力ある話の組み立てなのだ。間違った準備は間違った結果をもたらすのだ。

第38話

すごい製品があってこそプレゼンが活きる

いくら宣伝しても、失敗作をヒット作に変えることはできない

「世界一優秀なマーケティング部門でも、ニーズに合わない製品を売ることはできない」とは「マーケティングの神様」フィリップ・コトラーの言葉である。

しばしば「製品が売れないのは販売や宣伝が弱いからだ」という言い方をする人がいる。いい製品なのに、販売が弱く、宣伝にお金をかけないから売れないという言い訳のような、責任転嫁のような言い方だ。

もちろんその説が正しい時もあるが、たいていの場合は製品にも大きな責任があるケースがほとんどである。

大切なのはすぐれた製品やサービスであり、そこにプレゼンや宣伝の力が加わることで、販売やイメージは飛躍的に伸びることになるのだ。

その順序を間違え、宣伝に過剰な力を入れ、準備を進めたところで結果はたかが知れている。ジョブズはそのことをよく知っていた。

ジョブズがピクサーのCEOを務めていた時の話だ。当時ピクサーの映画はヒットを連発していたが、ディズニーのアニメ映画は低

宣伝だけでは商品はヒットしない

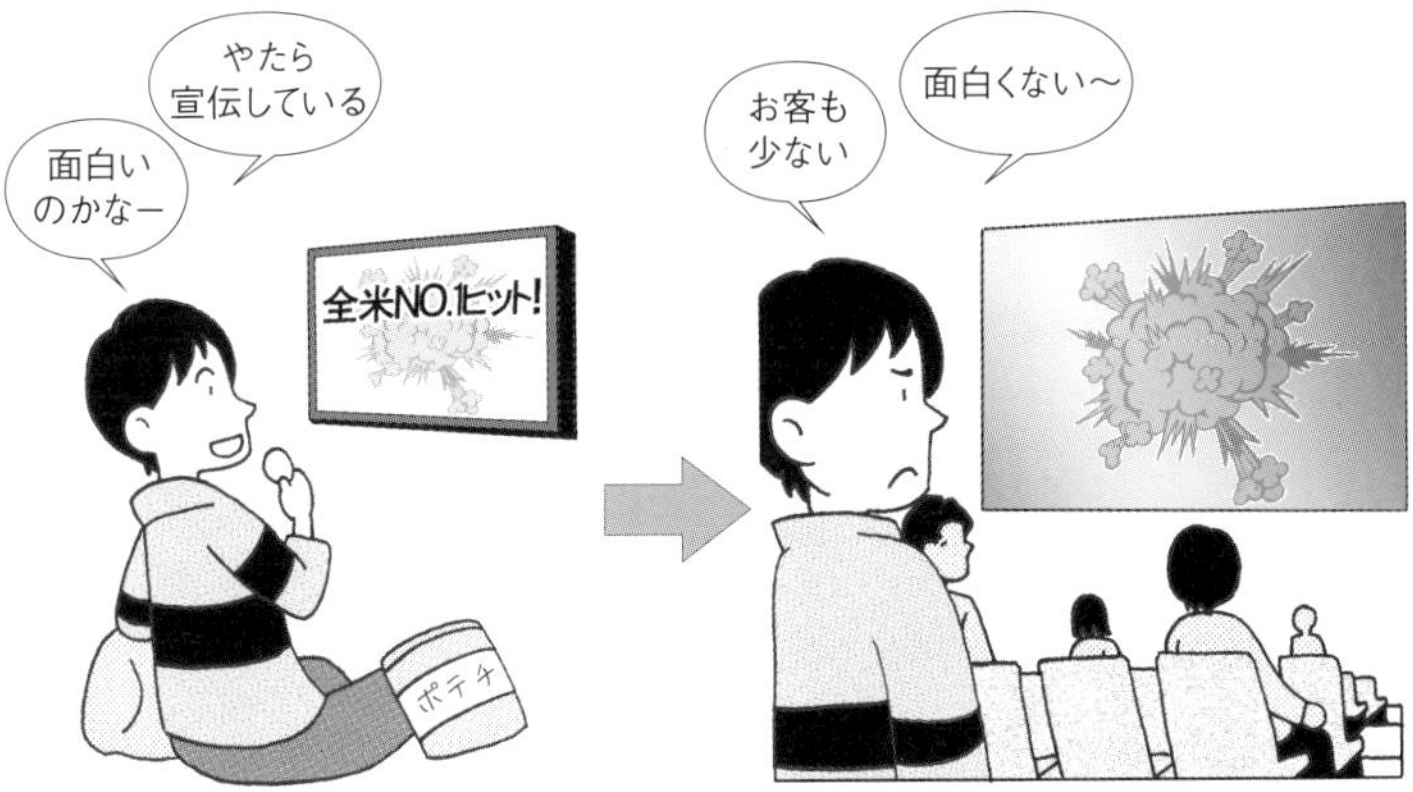

迷していた。ジョブズは、ディズニーの宣伝力とブランド力を認めたうえでこう言った。

「**どれだけ宣伝を打ったところで、失敗作をヒット作に変えることはできない**」

あたかもジョブズがプレゼンの天才だからアップル製品はヒットするように見える。たしかにプレゼンなどの準備は不可欠だが、**もっと大切なのは前段階の「すごい製品」をつくるための圧倒的な努力と準備である。**

プレゼンの準備に多大の努力をする以前に、自分はその製品やサービスに絶対の自信を持っているか、つくるためにどれだけ心血を注いだかを問いかけてみるといい。

イエスならプレゼンのための準備を怠らず、ノーならあらためて製品やサービスに何が足りないかを問いかけることが必要だ。

第39話

段取りよりタイミングを優先する

完璧を待っていてはタイミングを逃す

「完璧を待っていては何もできない。座して待っていても完全なものがやってくることなど絶対にない」は発明王トーマス・エジソンの言葉である。

エジソンは現実主義者であり、大事なのは結果である。計画の完璧性を目指すあまり、やたらと時間をかけすぎると、肝心のタイミングを失うことがあるということをエジソンはよく知っていた。そのため、妥協の産物であることを承知で「つくる」を優先することがあったという。

ジョブズは元々が「何も持たない」若者だっただけに、初期のアップルでは完璧を追い求めながら、一方で完璧を待たずにスタートを切り、走りながら準備を進めることもしばしばだった。言わば、段取りがすべて整ってから走り出すのではなく、走りながら段取りを整えていくやり方だ。

1976年、ジョブズはアップルⅡの成功に向けてすぐれた広告を打とうと、すぐれた広告代理店に目を付けた。その後も長く付き合うことになるレジス・マッケンナ・エージェ

完璧でなくとも突っ走る

ンシーだ。最初の答えは「ノー」だったが、何とか口説き落とした。ジョブズは同社の力で『プレイボーイ』への広告を決定した。

問題はそのための費用がないことだった。ジョブズは出資してくれそうな人を次々とあたり、最後にマイク・マークラにたどり着き、マークラの協力を得て、アップルの株式会社化を実現、広告にもお金をかけられるようになった。成功への大きな一歩だった。

ジョブズがすべて整うのを待つタイプだったら、アップルの成功はもっと遅く、たくさんのチャンスを逃したはずだ。ジョブズは完璧を求めながらも、完璧ではない段階から突っ走ることもできるタイプだった。

時にタイミングは段取りよりも優先されることもある。

第40話

ムダをムダにしない

経験と経験が結びつけば、素晴らしい創造が始まる

「創造性というのは、物事を結びつけることにすぎない」とはジョブズの言葉である。

創造性というのは無から有をつくり出すことではなく、自らの過去の経験や、学んだことが結びつくことで生まれるというのがジョブズの考え方だ。

では、そのためには何が必要かというと、ジョブズは多様な経験や幅広い視野を挙げている。一方では将来を見据えて「この経験とあの経験は将来役に立つからやっておこう」などと計算できるものではないことも指摘している。自らの経験からくる言葉だ。

ジョブズはリード大学に入学したものの、わずか一学期で退学している。それでも退学後もしばらくは大学に居残り、興味のある授業を受けている、その一つがカリグラフィという西洋の書道のような授業だ。ここでジョブズは書体の知識を身に付けている。

その経験が10年後、マッキントッシュの開発をしている時に蘇ってきたという。ジョブズは自らの知識を活かして、マッキントッシュに内蔵するさまざまな書体を選び、字間

点と点を結びつける

「何でこんなこと」が「良い経験」に変わる

のバランスをとれるようにしている。それは書体が不格好な1種類だけ、という当時のパソコン業界の常識を覆すものとなった。

ジョブズは「この日」のためにカリグラフィを学んだわけではない。しかし、過去の経験が一つの点となり、マッキントッシュの開発と結びつくことでパソコン業界に一つの革命を起こすことができた。

これがジョブズの言う「点と点を結びつける」だ。人生は計算通りに進むわけではない。若き日の「何でこんなことを」がある日突然、「良い経験」に変わるというのはよくあることだ。

すべての準備ができるわけではないが、**好奇心を持ち取り組んだことはたいていどこかで成功への準備として役に立つことになる。**

第41話

情熱は才能に勝る

我慢さえできれば、うまくいったも同然なんだ

ジョブズは数々の世界を変えるほどの製品を生み出しているが、そこに至る道のりはいつも厳しいものだった。

ジョブズは圧倒的スピードと完璧主義の両立を目指すだけに、ぶつかる壁は多い。抵抗ももちろんある。

成功するには、こうした「厳しい時代」をどう生きるかが大切になる。マッキントッシュの開発に取り組んでいた3年間について、ジョブズはこう振り返っている。

「いつか金の壺が見つかると思っていたが、それが偽物じゃないという保証はなかった」

一方では「人生最高の仕事になりそうだ」という確信もあったが、もう一方にはたくさんの難題もあっただけに、マッキントッシュが世に出るまでの「準備期間」は言わば不安と自信が入り交じった時期と言っていい。

では、こんな時期を人はどうすれば乗り越えることができるのだろうか？　ジョブズはこう話している。

「情熱がたっぷりなければ、生き残ることはできない。それがないと人はあきらめてしま

情熱を持ち続けられる人が成功する

我慢さえできればうまくいく

う。だから情熱を傾けられるアイデアや問題を持っていなければならない。正したいと思う誤りでもよい。さもないと、こだわり続けるだけの忍耐力が持てない。**我慢さえできれば、うまくいったも同然なのだ」**

仕事の中には短期間で結果の出るものもあれば、長い年月がかかるものもある。短期間なら持ち続けられる情熱も長期間にわたる仕事で、かつ成果が見えにくいと、どうしても人は迷い、不安になりやすい。

だからこそ、仕事にはたっぷりの情熱が欠かせない。**リーダーにはメンバーに情熱を持たせることが求められるし、メンバーも情熱を持ち続けてこそ長い時間を全力で駆け抜けることができる。**

CHAPTER

3

まとめ

ジョブズ流

超ダンドリ仕事術

1、準備は完璧を目指せ。
準備不足は失敗の言い訳を用意するのと同じことだ。

2、やるべきこと、話し合うべきことを事前にとことん絞り込め。
ムダなことに時間を費やすな。前準備こそが勝敗を決める。

3、パワーポイントに時間を割くよりも内容の理解に時間をかけろ。
製品やサービスへの本物の自信こそが最高のプレゼンを可能にする。

4、準備不足を嘆くな。完璧な計画も時機を失すると意味のないものになる。

5、未来を見通して万全の準備をするなど不可能だ。
今できることに最善を尽くせ。

6、結果が出るまでには時間も失敗も必要だ。
情熱を持ち続ければ、苦境は苦境でなくなる。

CHAPTER

4

ジョブズ流

他者を圧倒する
アイデア仕事術

第42話

普通の人がすごいことを成し遂げる方法

ジョブズがすごいアイデアを生み出すことができた理由

ジョブズが亡くなったあとも、多くの人から尊敬を集めるのは、数々の新製品を世に送り出し、多くの革命を起こしたからだ。

アップルⅡやマッキントッシュによって、コンピュータ業界に革命を起こし、ピクサーによってアニメーション映画の世界に革命を起こしただけではない。

ｉＰｏｄやｉＴＭＳで音楽の買い方や聞き方にも革命を起こした。さらにｉＰｈｏｎｅによって成熟産業と思われていた携帯電話の世界に一大革命を起こしたのだ。

今やパソコンを持たなくても、スマートフォン一つあれば、世界中の情報にアクセスでき、人々とつながることができる。インスタグラムだってスマートフォンがあればこそだ。かつてジョブズは「ｉＰｈｏｎｅを使えば後戻りができなくなる」という趣旨の話をしているが、まさに世界は変わったのだ。

普通はこの中の一つを成し遂げただけでも、素晴らしい成果を上げた人となる。ジョブズはあまりにも多くの業界に革命を起こし、人々の生き方にさえ革命を起こしたのだ。

「見る目のたしかさ」と「アイデア」を実現する力

一体なぜジョブズは、わずか30年余りの間にこれほどのことを成し遂げることができたのだろうか？　そのアイデアの源泉はどこにあったのだろうか？

ジョブズは発明家ではない。無から有を生み出すような天才でもない。にもかかわらず、これほど多くの革命を起こすことができたのは「見る目のたしかさ」や「自分たちのためにものをつくる」という考え方がしっかりしていたからだ。

そして、**すごいアイデアに気づいたならためらうことなく実現を目指すという圧倒的な実行力を持っていたからだ。**

ジョブズを知ること、それはごく普通の人がアイデアを生み、アイデアを形にするためには何が必要なのかを知ることでもある。

第43話

誰も実現できないのではなく、誰も実現していないだけ

アイデアはそこら中にある。気づくかどうかだ

ジョブズに関してしばしば言われるのが「ジョブズは何も発明していない」だ。

たしかにその通りだ。ジョブズがマッキントッシュ（正確には「リサ」も含めて）のヒントを得たのは、ゼロックスのパロアルト研究所であり、iPodの「ポケットに1000曲」という発想も、オリジナルはDECの研究者であり、タッチパネル方式の技術を生み出したのもゼロックスだ。

では、ジョブズは批判者が言うような「創造性のかけらもない盗用者」なのだろうか？

もちろん答えは「ノー」だ。

先駆者たちはたしかにすぐれた発想や技術を生み出したが、すぐれた製品にする力が欠けていた。しかも、パロアルト研究所にはたくさんの見学者が訪れ、ジョブズと同じものを見ている。ビル・ゲイツもその1人だ。

にもかかわらず、その技術が持つ可能性に気づき、それを「すごい製品」にしてやろうという人は誰もいなかった。そこにジョブズと他の人々の違いがある。

1979年、24歳のジョブズはパロアルト

パロアルト研究所で「ゼロックスAlto」を見たジョブズ

研究所で「ゼロックス・Ａｌｔｏ」のデモを見てこう感じた。

「それまで見たことがない最高のものだと思った。そこにはアイデアの萌芽《ほうが》みたいなものが感じられた。ものの10分もしないうちに、すべてのコンピュータがいつかこのようになるだろうと私は確信した」

その瞬間から、ジョブズはそこで見た技術を、これからつくるコンピュータに入れたいと考えるようになり、リサ、そしてマッキントッシュの開発へと突き進んでいる。

たくさんの人がたしかに同じものを見た。しかし、そこから世界を変えるコンピュータをつくり上げたのはジョブズ1人である。

アイデアはそこら中にある。しかし、それに気づく人は案外少ないのだ。

第44話

イノベーションは会議からは生まれない

現場との会話こそがアイデアの源泉になる

イノベーションは、今日の企業にとって喉《のど》から手が出るほど欲しいものだ。

だが、イノベーションというのは、机の前で考え抜けば出てくるというものではない。パソコン画面を見つめ、あれこれ操作をして生まれるわけではないし、ましてや長時間に及ぶ会議から生まれるのは新たなものではない。それどころか、挑戦に対する「ノー」という返事ばかりではないだろうか。

では、イノベーションはどこから生まれるのか？　ジョブズは社員たちが出会い、アイデアを交換し合う中から生まれるのがイノベーションだし、そのためにはトップも現場にこまめに顔を出し、話し合い、アイデアを出し合うことが大切だと考えていた。

ある企業の幹部がジョブズに「現場にはどのくらい顔を出すのか」と尋ねたところ、返ってきたのは「2～3回かな」だった。幹部は「多忙なジョブズが週に2～3回も行くわけがない。月に2～3回かな。それなら自分もやっている」と安心した。そこにジョブズはこう付け加えたという。

徹底して現場に足を運べ

「1日にね」

ジョブズは、若い頃からマイクロマネジャーと批判されるほど、現場の仕事に口を出すことで知られていた。社員の仕事ぶりを見て回りながら、あれやこれやと口を出す。

現場にとっては厄介な上司だったが、こうした現場とのたゆまぬ会話、細やかな関心こそが、ジョブズのアイデアの源泉だった。

イノベーションというのは、トップが「イノベーションを起こせ」と指示したからといって生まれるものではない。会社の廊下での会話や、浮かんだアイデアについて昼夜問わず電話する中から生まれてくるものだ。

そしてそれを支えるのは**トップの現場への強い関心であり、アイデアを大切なものと考える風土なのである。**

第45話

アイデアが活きる環境に身を置く

私の役割は才能ある人たちをバックアップすることだ

ジョブズには、若い頃から一つの欠点があった。それは部下から聞いたアイデアをいつの間にか「自分のアイデア」のように思い込み、人前で話してしまうことだ。

それは時に「他人の脳みそを奪い取る」行為とも言われた。にもかかわらず若いエンジニアやデザイナーは、ジョブズとともに仕事をすることを嫌うことはなかった。

それはなぜだろうか？　天才デザイナーのジョナサン・アイブがこう話している。

「会社というのは、アイデアや素晴らしいデザインが途中でどこかに行ってしまうことが多い場所です。私や私のチームがどのようなアイデアを出しても、スティーブがここにいて我々をプッシュし、一緒に仕事をして、我々のアイデアが製品となるよう、さまざまな抵抗を打ち破ってくれなければ、何の意味も成果も生まれなかったでしょう」

経営者の中には「うちの社員にはろくなアイデアがない」と嘆く人がいる。

しかし問題は**「アイデアがない」ことではなく、「生まれたアイデアを拾い育てる力が**

社員のアイデアを腐らせない

普通の人
部長、思っただけでTVに電源が入るアイデアを思いつきました!
そんなの無理に決まってるよ〜
ジョブズ流
部長、思っただけでTVに電源が入るといいですよね
ほう! どうすれば実現できるんだい?

会社にない」ことにある。

そのような会社では、アイデアは消え去る他はない。そんな環境で一体誰が「アイデアを出そう」と考えるのだろうか。

ジョブズには、素晴らしいアイデアをかぎ分ける能力があり、それを何が何でも形にするためにどんな抵抗も打ち破り、困難を突破する行動力もあった。だからこそ、ジョブズの元にはアイデアが集まるのだ。

ジョブズは自らの役割についてこう話している。

「私の役割は、ここにいる才能ある人間たちをバックアップすることだ」

すごいアイデアを生むためには、アイデアを拾い上げ、形にしようと懸命にバックアップする人の存在が欠かせないのである。

第46話

金の壺は身近にある

僕らと同じように、友人たちも大いに楽しめるよう、このコンピュータを友人たちのためにたくさんつくろう。ただそれだけのことに情熱を傾けてきた

「僕はこんなふうに考えたんだ。みんな僕と同じ大学生だ。だから、自分に面白いものはみんなにも面白くて便利なものになるんじゃないかって」は、フェイスブックの創業者マーク・ザッカーバーグの言葉である。

今でこそフェイスブックのアクティブユーザーは世界で22億人とも言われているが、そのスタートは、ザッカーバーグが学ぶハーバード大学で、学生向けに生まれたサービスだった。「自分が面白いものはみんなにも面白いはず」がそのきっかけだった。

同様にジョブズも「自分や自分たち、そして周りにいるコンピュータを使ってみたい人のため」にアップルを創業している。

ジョブズはこう話している。

「最初にアップルを始めたのは、僕たちが欲しかったコンピュータを1台、実際につくった時だ。僕らと同じように、友人たちも大いに楽しめるよう、このコンピュータを友人たちのためにたくさんつくろう、ただそれだけのことに情熱を傾けてきた」

どんなにすごいことも、最初のきっかけは

何気ない願望がアイデアの種になる

案外小さなところ、身のまわりから始まっているものだ。

そして実際にスタートしてから、「案外、これはすごいことになるかもしれない」と気づいた瞬間が重要なのだ。

その瞬間にギアが入るかどうかでアップルやフェイスブックのようになるか、そこそこで終わるかが決まることになる。

そう考えればアイデアの種はいろんなところにあるはずだ。自分が感じている小さな不満やちょっとした願い、そこに目を向ければアイデアはいくらだって見えてくる。

大切なのは「考えるだけ」ではなく「行動する」ことであり、もし金の壺に出合ったらためらうことなく走り始めることだ。

第47話

不満はアイデアの宝庫

自分たちが使いたいと思う電話をつくろう

改善のためのアイデアを生むコツは、たった一つである。

「仕事をしていてしんどいとか、やりにくいなと感じたら、『どうすれば楽になれるか』を考えよう」だ。

たとえば、工場で組み立て作業などに取り組んでいると、「これはやりにくいなあ」「この姿勢はしんどいなあ」と感じることがある。そんな時に「仕方ない、慣れるまで我慢しよう」と思えば何のアイデアも出ない。「もっといい方法はないかな」と考えると、知恵やアイデアが生まれてくることになる。

ジョブズの発想もそれによく似ている。若い頃から機械いじりが好きだったジョブズは、新製品を購入して分解する癖があった。

当然、感心することもあれば、「何だこのがらくたは」とあきれ果てることもあった。

iPhone以前、そんなジョブズにとって市場に出回っている携帯電話は我慢のならないものばかりだった。こう話している。

「携帯電話のあそこが嫌だ、ここが嫌いだという話をずいぶんした。とにかく複雑すぎる

「やりにくいなあ…」をそのままにしない

んだ。電話帳のように、こんなの使い方がわかる人なんているはずがないと思うような機能がたくさんある。わけがわかんないよ」

携帯電話に限らず、いろいろな家電製品やコンピュータを手にした人が「もっと使いやすくしてくれよ」と思ったはずだ。しかし、多くの人は「仕方がない」とあきらめてしまった。

しかし、ジョブズはこう考えた。

「自分たちが使いたいと思う電話をつくろう」

製品を使っていて「やりにくいなあ」「面倒だなあ」と感じたら、「我慢する」のではなく、「どうしたら良くなるか」とすぐに考えることを習慣にしていたのだ。

「我慢する」と思考停止だが、「何とかならないか」はアイデアを生む活力になる。

第48話

人の仕事を批判するなら、それに勝る仕事をする

タブレットとはどういうものか目にもの見せてやる

2002年、マイクロソフトはスタイラスペンを使って入力できるタブレットパソコンのソフトウェアを開発中だった。担当者はジョブズにしつこく迫った。

「マイクロソフトはこのタブレットパソコンのソフトウェアで世界を一変させ、ノートパソコンを一掃する。アップルもソフトウェアのライセンスを受けるべきだ」

ジョブズは、このアイデアが気に入らなかった。特にスタイラスペンを使うのがぞっとするほど嫌だった。いちいちペンを取り出し、手に持って操作を行い、終わったら収納するなんて、タッチ式の使い勝手の良さを台なしにしていると思ったからだ。

しかし、相手のアイデアをけなすだけなら誰でもできる。**アイデアをけなすなら、それに優るアイデアを考える、というのがジョブズのやり方だ。**

アップルに帰ったジョブズは「こんちくしょう、タブレットとはどういうものか目にもの見せてやる」と毒づいたあと、チームを集めて「キーボードもスタイラスペンも使わ

批判精神を利用してより良い仕事につなげる

ない、直接指でタッチするディスプレイを備えたタブレットをつくりたい」と命じている。

こうしてでき上がったのがｉＰｈｏｎｅであり、ｉＰａｄだ。マイクロソフトのソフトウェアを搭載したタブレットは、ノートパソコンを一掃することはなかった。しかし、ｉＰｈｏｎｅはその使いやすさ、手軽さによって「パソコンなんていらないじゃないか」というほどの世界的ベストセラーとなった。

他人の仕事を見て、「あれじゃあ、ダメだ」と呟《つぶや》いたことはないだろうか。大切なのは、単に批判するだけではなく、「それ以上の仕事」をすることだ。

他人の仕事や他社の製品への不満は「より良い仕事」を可能にするためのジャンピングボードでもある。

第49話

難しいことは易しく、易しいことは楽しく

私たちは、言わば最初の電話をつくりたいのです

難しいことを難しく話すのはたやすいことだが、それではその内容を理解できるのは知識のある人だけだ。本当のプロなら難しい話でさえ、誰もが理解できるようにかみ砕いて話すことが重要だ。

ジョブズは人材に関してはとことんAクラスにこだわるところがあるが、一方、製品づくりに関してはユーザーがBクラスでも、Cクラスでも、それこそ子どもでも使いこなせるものづくりをいつも心がけていた。

アップルⅡをつくるにあたってジョブズが相手にしていたのはコンピュータマニアではなく、「コンピュータを使ってみたいな」と願うたくさんの人たちだった。そしてマッキントッシュの開発で目指したのはIBMのパソコンのように専門知識を必要としない、誰でも直感的に操作できるものだった。

IBMのパソコンはたしかによく売れた。ビジネス向けのパソコンとして定着し、「生産性を上げるにはIBMPCだ」とも言われていたが、ジョブズはIBMPCを使いこなすためには「/qzs」のような符合を覚える

難しいことはわかりやすい言葉に置き換える

業務上のインフラが整った段階でかつ関係者の合意を得た上で実施しないと結果的に…
よくわからん
社内の連絡網を作って各部の責任者にOKをもらってから始めましょう
わかりました

必要があり、これでは「誰でも使えるもの」にはならないと考えていた。こう話している。

「現在あるようなコンピュータは、じきに使い物にならなくなるはずです。私たちとしては、言わば最初の電話をつくりたいのです。そして、大衆に広く受け入れられるマシンをつくり出したいのです。それをかなえたのがこのマッキントッシュなのです」

IBMは言わばプロを相手に、難しいことを難しいままに押し付けたのに対し、ジョブズが目指したのは誰もが簡単に使いこなすことのできるコンピュータだった。ある人がこんなことを言っていた。

「難しいことは易しく、易しいことは楽しく」

ここにアイデアの大いなるヒントがある。

第50話

単なる模倣者にならない

この世界にはアイデアが満ち溢れている。模倣する方が少しは楽かもしれないが、でも、そんなことをしても世界はよくならないんだ

ヒット商品をつくり上げるには大変な苦労があるが、成功者を見て追随するのは簡単だ。日清食品のチキンラーメンの成功を見て、何百というインスタントラーメンが市場に溢れたのはよく知られているし、クロネコヤマトの宅急便の成功のあとも何十もの会社が動物をキャラクターにして宅配便に参入、動物戦争が繰り広げられている。

たしかに独創は大変だ。リスクもあるし、時間も手間もかかる。成功の保証もない。だったら、誰かの真似をすればいいと思いがちだが、それでは新しいものを生み出すことはできない。

ジョブズは常に物真似を嫌い、新しい何かを生み出そうと心がけていた。

最初のアップル時代、IBMのパソコンによってアップルⅡのシェアが奪われつつあった時、その互換機をつくれば儲けることはできた。しかし、ジョブズはその誘惑に負けなかった。IBMを上回る性能のマッキントッシュをつくることで対抗しようとした。

目指したのは模倣による規模の拡大ではな

模倣が悪いわけではない

模倣に自分のオリジナルをつけ加える

人情ものの映画がヒットしている
人情ものをテーマに映画をつくれ
単なる模倣では売れない…
部長、人情的要素に自己啓発的要素を加えるといい映画になります

く、**独創による革命だった。**それはピクサーでも同様だった。元ディズニーのジェフリー・カッツェンバーグがジョン・ラセターのアイデアを盗んで『アンツ』という映画を制作した時、ジョブズはこう言った。

「この世界にはアイデアが満ち溢れている。模倣するほうが少しは楽かもしれない。でも、そんなことをしても世界はよくならないんだ」

ピクサーの『バグズ・ライフ』は興行収入で『アンツ』に倍以上の差をつけて圧勝した。

アイデアに行き詰まるとつい模倣に走りたくなる。しかし、どんな時にも「自分の頭で考える」ことを放棄してはならない。それこそが勝利、そして成長をもたらしてくれる。

第51話

横並び意識を「捨てる」

ソニーなんか気にするな

新製品の開発企画書には、自分のアイデアと一緒に、競合他社の情報や動向を収集整理して添付することが欠かせない。

ある会社の担当者は、競合他社がどこも出していない新製品を出したいと企画書を提出したところ、上司から言われたのは「君は私を首にしたいのか」のひと言だった。当然、企画書は却下になった。

この企業に限らず、どんな企業も他社の動向は気になる。遅れをとるようなことがあっては一大事だし、新製品を出すのなら他社より良いものにして、他社以上の売上を実現したい。

しかし、このやり方には大きな欠点がある。他社が手がけていないもの、どこも出していないものを出すことができないという欠点だ。安全ではあるが、これではイノベーションは起こせない。

ジョブズは元々、競合他社を気にすることを好まなかった。

ｉＰｏｄの開発を進めていた時、ソニーを初めとする既存のＭＰ３プレーヤーについて

目指すは「無茶苦茶いいもの」をつくること

あれこれ分析しようとする担当者をジョブズはこう一喝した。

「ソニーなんか気にするな」

ジョブズから見ると、他社のMP3プレーヤーはがらくたばかりだった。そんなものをいくら研究したところで、他社よりちょっとくらいいいものができたとしても、「がらくたよりはまし」程度にしかなりはしない。

ジョブズが目指すのは「いいもの」ではなく「無茶苦茶いいもの」だ。そのためには競合のことなど無視して、本当につくりたいもの、みんなが心の底から買いたいと願うものをつくるのが一番だった。横並びからはすごいアイデアが生まれることはない。

すごいアイデアは、本当にいいものを求めることで初めて生まれてくるのである。

第52話

夢は小さく語るな。でっかく語れ

これが僕の夢だ。これこそがマックの完成された姿となるだろう

若き日のジョブズについてある人が「ジョブズははるか先を見通しているが、まともに一歩一歩進んでいくのではなく、いつも何歩かすっ飛ばしたがる」と評していた。ジョブズはたしかにアップルの業績にしろ、製品にしろ、人の何歩も先を見る力を持っていた。

たとえばマッキントッシュの開発中、ジョブズはバッグの中から卓上日記のようなものを取り出してメンバーにこう言った。

「これが僕の夢だ。80年代の半ばから終わりまでにつくろうとしているのがこれだ。マックワン、マックツーでは、ここまで到達するのは無理かもしれないが、マックスリーはきっとこんな型になるはずだ。これこそがマックの完成された形となるだろう」

まだ最初のマッキントッシュの完成さえ見通せていない時、ジョブズは早くも日本でいうノートパソコンのようなものを思い描いていたのだから恐れ入る。それはジョブズの変わらぬ特徴だった。

アップルを離れ、ネクストを創業したあと、ジョブズはアメリカの名だたる大学でコン

夢を語ると実現する

ピュータについて研究する学者たちから「夢のリスト」を提出してもらっている。

それは、今あるコンピュータをより良くするためだけではなく、何年も先にコンピュータにできることは何かを考えるためのものであり、そのリストをもとにしてジョブズはネクストでのコンピュータ開発に臨んでいる。

「明日のことを言う奴はバカだと言うけど、明日の約束をしない奴に希望は湧いてこない」

はホンダの創業者・本田宗一郎の言葉だ。

今やるべきことをやらずに夢ばかり語るのは愚か者だが、**やるべきことに全力で取り組む一方で未来を語ることはアイデアを生み、やる気や元気をもたらすことになる。**

第53話

革命を起こす商品にマーケティングはいらない

自分が何を欲しいかなんて、それを見せられるまでわからない

「ユーザーは、どんな大革命が起きるかまでは教えてくれない」とはジョブズの言葉である。

ジョブズ自身、ユーザーの声など聞く必要がないと考えていたわけではない。**「ユーザーの言葉に耳を傾けるというのは大事なことだ」**と言いながらも、ユーザーが見たこともないし、想像すらしていない新製品をつくるためにマーケティング調査は何の意味もないと考えていた。

フォードの創業者ヘンリー・フォードはT型フォードを量産することによって高価だった自動車の大衆化に貢献している。

そのフォードの有名な言葉として知られているのが「大衆に何が欲しいかと聞けば、返ってくるのは『もっと速い馬を』という要望だ」。自動車など夢のまた夢の時代、大衆に「どんな車が欲しいか?」と聞いても答えられるはずもなかったということだ。

最初のアップルでジョブズが目指していたのはまったく新しいコンピュータのマッキントッシュだった。こう話している。

突き抜けた商品はマーケティングからは生まれない

「卓上計算機しか使ったことがない人にマッキントッシュがどういうものか尋ねても、答えられなかったでしょう。それについて消費者調査をするのは無理です。とにかくつくってみんなに見せ、どう思う？　と聞くしかありません」

今ある製品について「どう思いますか？」と聞けば、人々はいくらでも答えてくれるし、参考になる答えもある。

しかし、それでは今ある製品を良くすることはできても、革命を起こすことはできない。

自分がつくり上げた独創の結果を知るために調査をするのはいいことだが、**独創をしたいのなら、調査に頼らず自らの頭で考え、自らの感覚を信じることが大切なのである。**

第54話

「形」ではなく「機能」にフォーカスする

インターネットは音楽を運ぶために生まれてきたんだよ

ものづくりの世界に「VE」という考え方がある。「品質を維持向上させながらいかにしてコストダウンをはかるか」という手法だが、そこで使われるアイデア発想法の一つが「機能に着目する」というやり方だ。

インターネットが広く一般の人に利用されるようになったのは1990年代のことだ。インターネットのさまざまな機能に注目することで生まれたさまざまなサービスがある。

たとえば、ジェフ・ベゾスはインターネットで「本を売る」ことを考え、グーグルの創業者ラリー・ペイジはインターネットを「世界中の情報を検索する」ものと考えた。

フェイスブックの創業者マーク・ザッカーバーグにとってインターネットは「人と人をつなぐもの」であり、ジョブズは「インターネットは音楽を運ぶために生まれてきたんだよ」と考えてiPodやiTMSを生み出している。

ジョブズ以前、音楽はCDという形で売られていたが、ジョブズが注目したのはCDという形ではなく、「音楽そのもの」だった。「C

音楽プレーヤーも形にとらわれないことで進化

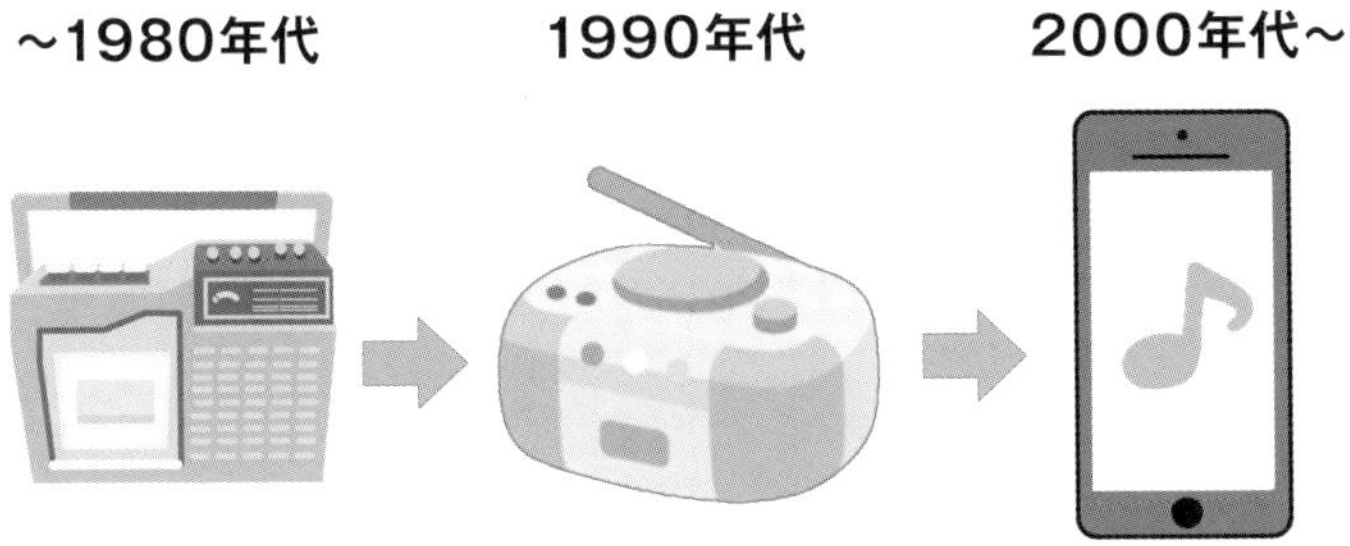

Dを買う」と人は言うが、実際に人々が買いたいのはCDではなく、「音楽そのもの」であり、それをより簡単により安く買うことができれば、人はもっと音楽を楽しむことができるというのがジョブズの発想だった。

結果、インターネットは映画や音楽、電子書籍などたくさんのものを運ぶものとなり、ジョブズが目指したようにインターネットを通して、人はたくさんの感動を得られるようになった。

それはビジネスの便利さを追い求めるビル・ゲイツにはできない発想だった。

ものを見る時にはその形状に縛られることなく「機能」に注目するといい。そうすると「より良く」の思いがけない発想に出合うかもしれない。

第55話

制約があるからこそ知恵が出る

研究開発費の多寡など、そんなことはイノベーションと関係はないのだ

仕事をしていて「もっとお金をかければ」「もっと知名度があれば」「もっといい人を採用できれば」と考えたことはないだろうか？　研究開発費にお金がかけられないからいい商品ができないと考える人も少なくない。

しかし、それは本当なのだろうか？　お金をかければすごい製品ができて、売れるのかというと、必ずしもそうとばかりは言いきれない。ジョブズは初期にはこう言っている。

「研究開発費の多寡など、そんなことはイノベーションと関係はないのだ。アップルがマックを思いついた頃、ＩＢＭは少なくともアップルの１００倍の研究開発費を注ぎ込んでいた。金の問題ではない。それは人材の問題であり、その意見をどう導き、どこまでその目的を了解することができるかということなのだ」

実際、ＩＢＭのＰＣはよく売れはしたが、その後のコンピュータ業界に革命を起こしたのはマッキントッシュだった。それはジョブズがアップルに復帰してからも同様だった。

ジョブズはｉＭａｃ以降、ｉＰｏｄやｉＰ

困った中から知恵は出る

honeなどの大ヒットを飛ばしたが、毎年何十億ドルもの研究開発費を投じていたマイクロソフトは、金儲けはできたが、世界に対して何の創造を行なうこともできなかった。こう皮肉った。

「アメリカ北部のわれらが友人（マイクロソフト）は研究開発費に50億ドル以上使ったけれど、最近はどうもグーグルやアップルの真似をしているようです。お金で何でも買えるわけではありません」

本当のアイデアは、お金が足りない、人が足りないといった制約の中で必死になって知恵を出すことから生まれてくる。

知恵や創造性はお金で買えるわけではない。不足を嘆くな。アイデアは足りない中、困った中からこそ生まれてくるものなのだ。

第56話

成功した時こそ「捨てる」

「何かを捨てないと前に進めない」

成功体験はとても貴重なものだ。

しかし、成功は慢心や過信をもたらすこともある。栄光の頂点をきわめた会社や人、スポーツチームなどが数年を経て、「何があったんだ」というほど弱体化することがあるが、たいていの場合、一つの成功に満足して次への革新を怠ることで徐々に輝きを失うことになったその結果である。

ジョブズが去ったあと、アップルは黄金時代を迎える。それを可能にしたのはジョブズがつくり上げたマッキントッシュだった。

他のパソコンよりも圧倒的にすぐれた性能を持つマッキントッシュを改良し続けることで売上、利益ともに飛躍的な伸びを見せているが、それから数年も経たないうちにアップルは「倒産か身売りか」という悲惨な状態に陥り、最終的にジョブズに助けを求めることになっている。

アップルに復帰したあとのジョブズの活躍は目覚ましいものだが、特筆すべきは常に成功に安住しなかったことだ。iPodが大ヒットしたあと、ジョブズは一番の売れ筋

勝ち続けるには、変化し続けること

だったｉＰｏｄミニの販売を中止、ｉＰｏｄナノの開発に乗り出している。理由はこうだ。

「普通の人なら、ここで失敗したら失うものも大きいから、あとは安全にやろう、と思うかもしれない。だが、これは僕らにとって、一番危険な落とし穴なんだ。僕らはもっと大胆にチャレンジし続けなきゃいけない。現状に甘えているわけにいかないんだ」

勝っている時、売れている時に何かを変えるのは大変な勇気が必要だ。勝ち続けるためには常に変化し続けることが求められる。

成功した時にこそ「反省」をする。**成功した時にこそ「捨てる」勇気を持つ。すごいアイデアは「安住」からは生まれない。「挑戦」「変化」こそがすごいアイデアとさらなる成功をもたらしてくれるのである。**

第57話

自分たちで自分たちの事業を食う、くらいの改革をする

自分で自分を食わなければ誰かに食われるだけだ

アマゾンのジェフ・ベゾスが電子書籍市場に切り込むべく、キンドルの開発に取り組むきっかけをつくったのはジョブズだった。ジョブズはｉＰｏｄとｉＴＭＳによって音楽の聞き方や買い方を大きく変えている。

もしジョブズが、アマゾンの主戦場である「紙の本を売る」ビジネスに本格参入してくれば、アマゾンのビジネスモデルは過去の遺物になりかねない。それを避けるために自ら電子書籍に真剣に取り組むしかないというのがベゾスの恐れであり決意だった。

成功した企業、特に圧倒的な成功をした企業というのは、自らに成功をもたらしてくれた製品やサービスに依存し過ぎるあまり、革新が遅れ、危機的状況に追い込まれることが少なくない。

ジョブズは言う。

「**自分で自分を食わなければ誰かに食われるだけだ**」

ジョブズはｉＰｈｏｎｅによって従来の携帯電話を過去の遺物にしているが、それは自らが育てたｉＰｏｄやパーソナルコンピュー

自分で自分の仕事をなくすくらいの仕事をする

自分の仕事がなくなるほどの改善をせよ

タをも過去の遺物にしかねないほどの変革だった。iPhone一つあれば音楽も聞けるし、メールも検索もゲームもできてしまう。これではパソコンやiPodも売れなくなるかもしれないが、かといってこれらの製品を守ろうと革新を怠れば、どこかの企業に先を越されてすべてを失う恐れがある。

他社にやられるくらいなら、自分たちで自分たちの事業を食い、より大きな市場を生み出せばいいというのがジョブズの発想だった。

ある人が「自分の仕事がなくなるほどの改善をしたい」と話していたが、自分の仕事や自分たちの製品を否定するほどの仕事を目指してこそ勝ち続けることができるし、成長し続けることができる。

第58話

成功しても休まない

私たちは何かを成し遂げるたびに、「次は何をしようか」と考える

何かを成し遂げたあと、たいていの人は少しは休みたくなるものだ。ましてやジョブズのように次々と世界的ヒット製品をつくれば、少しは休みをとりたくなりそうなものだが、ジョブズには、まるでその気がなかった。

「ウォルト・ディズニーはいつもこう言っていた。我々の値打ちは次回作で決まる、とね。だからピクサー、そしてアップルでは、腰を下ろして休むことは絶対に勧められない。常に次のことを考え続けなければいけないんだ」

こうしたジョブズの飽くなき向上心、高みを目指して走り続けたいという思いは、当然周りの人間にも強い影響を与えた。

1984年、マッキントッシュ開発の主要メンバーの1人、バレル・スミスはあるインタビューで「マックの次に何をしたいか?」と聞かれ、こう答えている。

「90年代のコンピュータをつくりたいね。明日にでも」

マッキントッシュ開発の日々の辛さ厳しさを考えれば、「2度とあんなことはしたくないだ」

成功したら「次はもっといいものを」

い」と考えてもいいはずだが、大いなる成功が「次はもっといいものを」という欲につながっていたのもたしかなことだ。

どんなに上げた成果が素晴らしいものでも、成し遂げたことは過去のものとして、次へと歩み始める。そんな気持ちを持てるからこそ人はどこまでも成長し続けることができる。ジョブズは言う。

「私たちは何かを成し遂げるたびに、『次は何をしようか』と考える。常に新しい挑戦をしている」

「自分はもっとうまくなれる」と思うからこそアスリートは厳しい練習にも耐えられるという。ビジネスでも大切なのは「次はもっといい仕事をするぞ」という思いなのだ。

CHAPTER 4

まとめ

ジョブズ流

他者を圧倒するアイデア仕事術

1、すぐれたアイデアに目を光らせろ。アイデアは、見つけ、育て上げなければ消え去るのみ。

2、現状への不満こそがアイデアの源泉となる。

3、難しいことを易しく、易しいことは楽しく。

4、ただの模倣から創造は生まれない。横並びからも創造は生まれない。

5、明日の夢を語れ。そこにアイデアが生まれる。

6、マーケティングに頼り過ぎてはいけない。

7、「形」ではなく「機能」に着目しろ。

8、「足りない」ことを言い訳にするな。「足りない」からこそ知恵が出る。

9、成功に安住するな。現状維持は後退と心得よ。

CHAPTER

5

ジョブズ流

相手を思い通りに動かす仕事術

第59話

足りないものを持っている人を探す

なぜジョブズは人を口説き、動かし、その才能を引き出すことができたのか

どんなにすごいアイデアや、すごいビジョンを持っていたとしても、たった1人で実現できる人はいない。ほとんどのものは人と人が協力し合い、知恵を出し合うことで初めて形にできるし、広めていくこともできる。

ジョブズが大学を中退して初めて就職したのはゲームメーカーのアタリ社だが、ジョブズの面接を担当したチーフエンジニアはジョブズについてこんなことを言っている。

「彼はすごいアイデアだけを持ってました。自分が信じてるってこと以外、根拠なんてないのに」

当時のジョブズからチーフエンジニアはすごいやる気と、内にみなぎるエネルギー、そしてビジョンを感じたというが、そのビジョンはジョブズ以外の誰も信じないものだったという。ここまでならごく普通のちょっと野心的な若者に過ぎないが、ここから数年でジョブズはアップルⅡをつくり、アップルを上場企業に育て、さらにマッキントッシュでコンピュータの世界に革命を起こしている。

一体、なぜそんなことができたのだろう

ないのなら集めればいい

か? ジョブズにそれを可能にさせたもの、それは**圧倒的なビジョンの力と、ビジョンを実現するために必要な人を集め、その力を最大限に引き出す才能だった。**

誰でもそうだが夢を実現するために必要な「すべて」を持ち合わせている人はまずいない。そのため多くの人は夢の実現をつい先延ばしにしてしまうが、ジョブズの場合は足りないものがあれば、即座に持っている人を探し出し、何が何でも実現してしまうという行動力を持っていた。

仕事の多くは人と人が関わり、人から人へと受け渡していくものだ。より良い仕事をするためには人を集め、協力を仰ぎ、力を最大限発揮させることが不可欠だ。ジョブズに学びたいもの、それは「人を動かす力」である。

第60話

その人が最も大切に思っていることを見抜く

自分の会社が持てる一生に1度のチャンスだ

ジョブズの「人の動かし方」に関する特徴は**①自分にないすごい才能を持つ人を集める②その人が最も大切に思っていることを見抜いて口説き落とす**である。

ジョブズにとって最初の欠くことのできないパートナーはスティーブ・ウォズニアックだ。ジョブズより5歳年長で、ジョブズが「自分よりもエレクトロニクスに詳しい」と評した人間だった。

学生の頃、2人が一緒につくったのが電話をただでかけられる「ブルーボックス」と呼ばれる機械だ。ジョブズが部品を安く調達して、ウォズニアックが高性能のブルーボックスをつくり、それをジョブズが1台150〜300ドルで売りさばいた。

やがて2人はこの商売から手を退くことになるが、ウォズニアックのエンジニアリング力と、ジョブズのビジョンや交渉力があれば何かができると気づいたこの経験こそが2人でアップルを始める原点となった。

やがてウォズニアックはヒューレット・パッカードに就職、ジョブズもアタリ社で働

相手が何を求めているかを知る

くようになる。しかしその間も交流は続き、ウォズニアックのつくり上げた「アップルⅠ」の素晴らしさに気づいたジョブズはアップルⅠを販売することを提案、こう言ってウォズニアックを口説いている。

「お金は損するかもしれないけど、自分の会社が持てるよ。自分の会社が持てる一生に1度のチャンスだ」

ウォズニアックはすごいコンピュータをつくる才能があったにもかかわらず、ヒューレット・パッカードはコンピュータをつくる気がまるでなく不満を抱えていた。ジョブズの言葉を聞いたウォズニアックは親友と会社を始めると考えただけで元気が出たというからまさにジョブズの狙い通りだった。ここからアップルの成功物語がスタートした。

第61話

並外れた自信と厚かましさを持つ

それならマーケティングの適任者を紹介して欲しい

アップルの初期の成功を支えたのはジョブズとウォズニアック、そして出資者であり経営面でも多大の貢献をしたマイク・マークラの3人である。

マークラとの出会いはジョブズの強引さ、無遠慮さがもたらしたものである。アップルIのささやかな成功を経て、アップルⅡの開発に突き進もうとしたジョブズの前に立ちはだかったのが資金の問題だった。アップルⅡを完成させるためには資金が必要だった。

ジョブズは広告代理店のレジス・マッケンナから、ベンチャーキャピタリストのはしりであるドン・バレンタインを紹介してもらったが、裕福できちんとした身なりを好むバレンタインにとって、ヒッピーのようなジョブズは投資対象とはほど遠い存在だった。そこでバレンタインが「マーケティングの経験者がいないアップルに投資するつもりはない」と断ったところ、ジョブズはこう切り返した。

「それならマーケティングの適任者を紹介して欲しい」

その後、ジョブズは毎日3回も4回も電話

ちょっとずうずうしいくらいがちょうどいい

をかけたので、根負けしたバレンタインが数人を紹介、その1人がマイク・マークラだった。マークラはインテルでマーケティングを担当したのち、インテルの株式公開で大金を手にして退職、いい投資先を探していた最中だった。当初、マークラはジョブズに関わるつもりはなかったが、話を聞き、アップルⅡを見た瞬間にこう叫んだ。

「これこそ私が高校を出た時から求めていたものだ」

心を奪われたマークラはアップルへの参加を決め、以後、アップルの成功に大きな貢献をすることになった。**人を動かすには「すごい製品」だけでなく、並外れた自信と厚かましさが欠かせない。**すごい製品と恐るべきビジョンは誰にとっても気になるものだ。

第62話

迷っている人に指示命令はしない

本当に有意義なことができるチャンスを捨て、一生、砂糖水を売り続けるというのかい？

ジョブズの口説き文句の中でも、１９８３年にジョン・スカリーに放たれたこの言葉はあまりにも有名だ。

当時、ジョブズは会長としてマッキントッシュプロジェクトに熱中していたが、同時にアップルが大企業へと成長するためには経験豊かな経営者が必要だと考えていた。それもマーケティングに長けた人物が望ましかった。そこで、狙いを付けたのは38歳でペプシコーラの事業担当社長に就任、翌年にはコカ・コーラを抜いて同社を全米１位に押し上げた凄腕の経営者ジョン・スカリーだ。

スカリーは、いずれはペプシグループの会長にと将来を嘱望されていた。だから、最初は安定した大企業の地位を捨てて、アップルⅡの実績しかない無名のアップルに転ずることをためらった。

ジョブズはそんなスカリーを仲間に引き入れようと、ほぼ毎日のように電話をかけ続けた。中身は「ハーイ、今日はどうしてますか？」というごく他愛のないものだったが、確実にスカリーの心を動かし始めていた。そしてあ

答えは自分の中にある

る日のこと、ジョブズはスカリーに直接会って、「あなたはアップルにとって完璧な方だと思うし、アップルも最高の人物に相応しい会社です」と言ったあと、こう挑発した。

「本当に有意義なことができるチャンスを捨て、一生、砂糖水を売り続けるというのかい?」

スカリーによると、この言葉は、今、自分が人生の岐路に立っていることを教える、「まさに息の根を止める」ものだったという。

迷っている時、一方的に「ああしろ、こうしろ」と言われるとかえって決められないものだが、「自分で決めろ」と迫られると案外決心がつくものだ。なぜなら、たいていの場合、「答えは自分の中にある」ものだから。

第63話

相手に止めを刺す言葉を持つ

これで車が買えるね

日本で人を動かす達人といえばまず名前が挙がるのが田中角栄だ。若い頃から「人たらし」としての才能を発揮、年齢を問わず人を口説き動かす術に長けていた。たとえば、野党対策について、こんなことを言っている。

「4人の女（野党のこと）を相手にする時は1人に金をやり、1人にハンドバッグをやり、1人に着物を買ってやり、残りの1人をぶん殴れば済んだが」

今の時代ならこんなことを言えば大変なことになるが、たしかに人は**「金、地位、名誉」などそれぞれに欲しいものがあり、それらを見抜いたうえで巧みに与え、さらに時には権力にものを言わせることでたいていの人は動かすことができるということだ。**

ジョブズにも「人の求めているものをずばり見抜く」力が備わっていた。

マッキントッシュの開発を進めていた頃、ゼロックスで働いているマーチン・ヘイバリの引き抜きを画策したことがある。渋るヘイバリをジョブズはこう口説いた。

「考えてごらんよ。君のつくるチップがここ

相手が欲しいものを見抜く

人によって求めるものは違う

年収1000万円
欲しい
社長に
なりたい
勲章が
欲しい
車が
欲しい

にある全部のチップに取って代わるんだ。僕らが送り出すマシンのことを考えてみるんだ。君の仕事が世に知られるようになるんだから」

ゼロックスにいれば安定した地位と給与は約束されているが、その仕事が世界を変えることはないし、名前が世に知られることはない。ジョブズのこの言葉は若いエンジニアにとってあまりに魅力的なものだった。しかし、それでもヘイバリは「イエス」と言わない。

そこでジョブズはこう付け加えた。

「これで車が買えるね」

ヘイバリが車を欲しがっていると聞きつけたジョブズの止めの言葉だった。

ジョブズには相手の欲しいものを見抜き約束する才能があった。

第64話

過去の数字で未来を語らない

彼はただ数字を見るのではなく、
アイデアと人間の質を評価することを始めたのです

ジョブズは若い頃から過去の数字をベースに未来を語ることが嫌いだった。マッキントッシュの開発を進めていた頃、価格設定をいくらにすればいいかという会議の席上、経理やマーケティングの人間が過去のデータを使ってグラフなどを書いて説明しようものならいつもこう言い放った。

「数字なんてどこからでももってこられるし、どうにでも料理できる。グラフなんかで、わけのわからない世界に僕らを引きずり込まないでくれ」

彼らがやっていることは常識的な当たり前のやり方だ。しかし「今までなかったもの」を追い求めるジョブズからすると、過去の延長線上でしかものごとを判断しない人たちの言うことなどとても信じることができなかった。過去に例がなければ、未来を語るしかないというのがジョブズの考え方だ。

アップルを去り、ネクストを創業したジョブズのもとに元IBM社員で、エレクトロニック・データ・システムズを創業して成功させた億万長者のロス・ペローが訪ねてきた。

未来を語ると人は楽しく前向きになる

ジョブズへの関心からネクストへの投資を考えていたペローに対し、まだ製品らしい製品を持たないジョブズはネクストの描く壮大なビジョンを指し示すことで多額の投資を引き出している。ペローはこう言った。

「彼はただ数字を見るのではなく、アイデアと人間の質を評価することを始めたのです」

ペローも「私はジョッキーを選ぶ」とジョブズに大金を投じることに何の不安も見せなかった。

ジョブズにとって大切なのはいつも「過去よりも未来」だった。ジョブズはジョン・スカリーをスカウトするにあたって、「あなたと僕は未来をつくるんです」という名文句を口にしているが、「未来を語る」にはいつだって人を楽しく前向きにさせる力がある。

第65話

格の違う相手にビビらない

ビル、2人を合わせるとデスクトップの100%を押さえていることになる

ジョブズが成功できた最大の理由は並外れた交渉力にある。特にアップルの初期段階において「何も持たない若者」が「人、モノ、金」を手にするために交渉力は不可欠だった。

それは相手がどれほど巨大であろうと、置かれた立場がどんなに脆弱なものであろうと決してひるむことはなかった。

そんなジョブズらしさが遺憾なく発揮されたのが、アップルに復帰したジョブズがマイクロソフトの創業者ビル・ゲイツ相手に行った交渉である。ジョブズとゲイツは若い頃からの仲間であり協力者でもあったが、アップルに復帰した時の両者の力関係には大きな開きがあった。

当時、コンピュータ業界の覇者はマイクロソフトであり、シェア数%のアップルなど「あってもなくてもいい存在」だった。

そんなゲイツに対して、ジョブズはＭａｃＯＳＸ向けのソフトウェアの開発を依頼した。ゲイツは当然乗り気ではなかったが、ジョブズの次のひと言に驚かされた。

「ビル、2人を合わせるとデスクトップの

圧倒的な差があってもビビらない

普通の人
社長、よかったらうちと組んでもらえませんか？
おたくとうちじゃ格が違いすぎますよ
ジョブズ流
社長、うちと組むと業界の覇者になれます！
規模が違うがえらく自信満々だなあ…
組んでみてもいいか

100%を押さえていることになる」

「2人で100%」に嘘はなかった。

但し、ゲイツが97%に対し、ジョブズは3%だった。業界を牛耳っているのはゲイツなのに、ジョブズはそんなことはお構いなしだった。ゲイツが「まだでき上がってもいない製品に肩入れするのはうちのやり方じゃないんだ」と反論すると、ジョブズは「前に肩入れした時には、良い思いを味わったじゃないか」とすぐにやり返した。結局、ゲイツはジョブズの要求を受け入れたが、ジョブズが帰ったあとで社員にこう言った。

「あいつには驚かされるよ。売り込みの天才だな」

堂々たる振る舞いは相手に「格の違い」などないかのような錯覚を抱かせる。

第66話

厄介な相手ほどあえて対等に交渉する

ディズニーと対等であるかのように交渉しなければならない

それぞれの業界には時に「巨人」と呼ばれる企業が存在する。コンピュータ業界であればかつてはIBMがそうであり、90年代以降はマイクロソフトがそうだった。映画業界では、ウォルト・ディズニー社はジョブズが設立したピクサーにとって憧れの的であった。

1980年代、ディズニー社もコンピュータでアニメーションをつくることに強い関心を持ち始めていた。しかしうまくいかずにいた。そんなディズニーがピクサーに接触、ディズニーが資金提供とPRを担当、ピクサーがCGで長編アニメをつくらないかという提案を持ってきた。

ピクサーにとって申し分のない提案だったが、遅々として交渉は進まなかった。不安になるピクサー社員に、ジョブズはある策を授けた。ほかの映画スタジオにアプローチして、映画関係者が好む一流の店でランチをすればいい、と。そうすればその話を聞いたディズニーから必ず連絡が来るはずというのがジョブズの読みだった。

ジョブズの読みはあたり、ディズニーの

規模は違っても「対等」という姿勢を貫く

ジェフリー・カッツェンバーグから連絡が来た。

「ディズニーと仕事がしたいならディズニー以外と話をするな」

その後、ピクサーが3本の映画を制作、その資金とPRはディズニーが行うという交渉がまとまることになるが、こうした厄介な交渉をまとめることができたのはやはりジョブズの力が大きかった。ジョブズは巨大な相手と交渉する際の鉄則をよく知っていた。それは「ディズニーと対等であるかのように交渉しなければならない」というものだった。

巨人といえども「欲しいもの」があるから交渉のテーブルにつく。規模は違っていても、欲しいものの前にはあくまでも対等であるという姿勢が成果へつながるのである。

第67話

圧倒的期待を伝える

できる。君ならできる。やる気を出してがんばれ

ジョブズは部下からの「ノー」を受け取らないことで知られているが、部下の「ノー」に対して声を荒らげて叱るわけではない。

では、どうするのか？　マッキントッシュの開発を進めていた時、発売が間近にもかかわらずソフトウェアの完全版が思うようにでき上がらなかった。このままでは「デモ用」と書いたバグだらけのソフトウェアを販売して、あとで交換する他はないというところまで追いつめられていた。

そこで、プログラミングチームがジョブズに電話したところ、ジョブズはソフトウェアチームがいかにすぐれているか、みんながいかに期待しているかを伝えたあと、

「ソフトウェアチームだけが頼りだ。やればできる」

とだけ言って電話を切ってしまった。チームのメンバーは怒鳴られることを覚悟していたが、褒められたことで「やるしかない」となり、１週間ほとんど眠ることなく作業に没頭、期日に間に合わせることに成功した。

ｉＰｈｏｎｅの開発の時にも同じようなこ

ギリギリの状況では期待の言葉をかける

とがあった。ジョブズはコーニング社製のゴリラガラスという「信じられないほど強い」ガラスを使いたかったが、既に生産は中止されていた。しかし、ジョブズは「6カ月でつくってくれ」とCEOのウェンデル・ウィークスに依頼した。ウィークスが今は生産しておらず、専用の工場もないと説明すると、ジョブズはこう言った。

「できる。君ならできる。やる気を出してがんばれ。君ならできる」

なぜかウィークスはやる気になり、工場を改造、ゴリラガラスの製造ラインをつくり上げてしまった。人は期待されれば、その期待に応えようとするものだ。**圧倒的な期待を伝えること、それは怒ったり怒鳴ったりよりもはるかに大きな効果を持っているのである。**

第68話

「できません」と言う人への対処法

君ができないなら、他に誰かできる人間を探すさ

上司から指示された仕事に対して、「できません」と答えた際に、「じゃあ、他の人に頼むわ」と言われてショックを受けたことはないだろうか。

「他の人に頼むわ」には「もうお前に用はない」と言わんばかりの「上司に見放された」感があり、とても悲しい気持ちになる。

ジョブズもしばしばこの「他の人に頼むわ」という言い方をしている。

マッキントッシュの開発中のことだ。

ジョブズの要求するマック用のプラスチックケースの形があまりに複雑すぎてエンジニアたちは次々とギブアップした。

エンジニアたちはジョブズのところへ行っては「なぜ不可能か」を説明してあきらめさせようとした。しかし、そんなことで折れるジョブズではなかった。

ある日、1人の工業デザイナーが意を決してジョブズにこう言った。

「スティーブ、不可能です。複雑すぎます」

ジョブズが何度も聞いた言葉だ。ジョブズは毅然としてこう言い放った。

ジョブズ流「できない」を「できる」に変える方法

「そんなはずはない。君ができないなら誰か**他にできる人間を探すさ**」

そこには「絶対にあきらめないぞ」という強い意志と、「どんな手を使ってもやってみせる」という決意が感じられた。

エンジニアやデザイナーにできるのは「何が何でもやり抜く」か、「アップルを去る」のどちらかだった。結果、ジョブズの納得するプラスチックケースが完成した。

ジョブズは部下が「できません」と言うなら、どこかから「できる」人を探してくるのが常だった。

上司にそこまでして「やってみせる」という意志があれば、**たいていの人は「できない理由」を探すのではなく「どうすればできるか」を考えるようになる。**

第69話

「自分のために」すごい製品をつくる

自分たちが使いたいと思う電話をつくろう

若い頃のジョブズは「暴君」と呼ばれ、ジョブズと仕事をした人の多くは「あいつとは2度と仕事をしたくない」と非難されるほどひどい仕打ちをしたとも言われている。

一方でジョブズと仕事をすることは「歴史をつくる」ことであり、「自分史上最高の仕事ができる」と、ジョブズと働くことを望む社員も少なくなかったとも言われている。

実際、ジョブズがアップルを去ったあとに創業したネクストは売るものがない会社にもかかわらず天才たちが次々と集まっている。

最大のポイントは「自分のために最高のものをつくろう」という思いの共有だ。ｉＰｏｄで勝利したあと、ジョブズはこんなことを言っている。

「アップルが勝ったのは、僕ら一人一人が音楽を好きだったから。みんな、ｉＰｏｄを自分のためにつくったんだ。自分のため、あるいは自分の友だちや家族のために努力するなら、適当をかましたりしない。大好きじゃなければ、もう少しだけがんばるなんてできない」

自分が本当に欲しいものをつくる

普通の人
明日までに企画書まとめろって…
めんどくさ〜
ジョブズ流
こんな製品があったら欲しいなあ〜

ｉＰｏｄの開発チームの１人はこう言っている。

「ある意味、これはみんな自身の夢を実現するプロジェクトだった」

それはマッキントッシュの時も同様だし、ｉＰｈｏｎｅの時もジョブズはこう言ってみんなを盛り上げている。

「自分たちが使いたいと思う電話をつくろう」

会社での仕事の多くは「会社のため」であり、上司に「やれ」と指示された仕事だ。

そこに「自分たちのつくりたいものをつくろう」が入るとまるで違うものになる。

人を本気にするもの、それは「自分や自分の友だちのためにすごいものをつくって世界を変えよう」という思いなのである。

第70話

人はお金や権力ではなくビジョンで動く

君たちは技術と文化を融合させるアーティストだ

人を動かすのはとても難しいことだ。

人は報酬や権力だけでは動かない。もちろんまったく効き目がないわけではないが、人が心の底から湧き出る情熱をもって動くためには理解や納得、そして何より自分から動きたくなる情熱が欠かせない。

ジョブズはマッキントッシュの開発チームに「考えられる限り最も優秀なメンバー」を集めている。だが、報酬はAプレーヤーに相応しいものではなかった。メンバーのほとんどが20代ということもあり、アップルの最低ランクの年収3万ドル程度だった。

しかも、週に80～90時間という激務でもあった。なぜ彼らはそうまでしてがんばることができたのだろうか？

その理由がジョブズの圧倒的な動機付けだ。ジョブズは彼らに「すごい製品をつくってすごい売上や利益を計上するぞ」とか、「ライバルを出し抜け」などとは言っていない。

「君たちは技術と文化を融合させるアーティストだ」

「技術的にも芸術的にも、あらゆる領域で最

人はビジョンで動く

目指すビジョンへの共感が情熱をよぶ

先端となる最高の製品をつくろう」

勝敗を競ったり、儲けを追うのではなく、「世界を変える」仕事をしようというのだ。

自分の仕事が世界を変えるかもしれないと言われて夢中にならない人はいない。しかも、ジョブズは彼らを単なるエンジニアやプログラマーではなく、アーティストだと言い続けている。美術館に連れて行って最高の芸術に触れさせたかと思うと、「芸術家は作品にサインするものだ」と言って、パソコンケースの内側にみんなのサインを刻んでいる。

人を動かすのは難しい。お金や権力に頼るのではなく、「何のために働くのか」という動機付けや、目指すべきビジョンへの共感こそが情熱溢れる仕事を可能にするのだ。

第71話

人を動かすのに必要な二つのこと

僕は自分を暴虐だとは思わない。お粗末なものはお粗末だと面と向かって言うだけだ

「人を思い通りに動かす」というと、中には人をなだめすかしてご機嫌をとりながら指示に従ってもらうか、やたらと権力を振りかざして無理やり人を動かすかの2通りを思い浮かべる人がいるかもしれないが、ジョブズのやり方はそのどちらでもなかった。こう言っている。

「手加減して人を扱うことではなく、人を育て上げることが僕の仕事だ」

ジョブズは採用にあたってはAクラスの人材にこだわり続けている。では、才能ある人間を集めればそれでうまくいくのかというと、もちろんそうではない。有能な人間を集めてもその才能を引き出すことができなければ宝の持ち腐れになってしまう。

では、どうするか？　ジョブズは彼らにははるかに高い目標を与え、ダメな仕事には容赦なく「ノー」を突きつけることで彼らの才能をギリギリまで引き出そうとした。

そうやって鍛え上げてこそ人は育つし、期待以上の成果を上げてくれると信じていた。こんなことも言っている。

ジョブズ流人を動かす二つの極意

「僕は自分を暴虐だとは思わない。お粗末なものはお粗末だと面と向かって言うだけだ。本当のことを包み隠さないのが僕の仕事だからね。自分が何を言っているのかいつもわかっているし、結局、僕の言い分が正しかったってなることが多い。そういう文化をつくりたいと思ったんだ」

感情に任せた理不尽な言葉の暴力はパワハラになる。かといって、言いたいことも言わずに機嫌をとるのはもっと愚かしい。ジョブズは**すぐれた人間に必要なのはご機嫌取りでも暴力でもなく、高い目標であり、「最高の仕事ができるかもしれない」という無上の喜びだということをよく知っていた。**

人を動かす時、必要なのは正しい目標と最高の仕事への称讃だけだ。

第72話

ジョブズが暴言を吐いても許された理由

下手くそ、これは全部間違っている

部下を動かし、チームを機能させるために欠かせないのが上司と部下のコミュニケーションの量や濃さだ。

今日の日本では上司がマネジメントに専念できるわけではなく、プレイングマネジャーが多いこともあり、部下とのコミュニケーションに割く時間が極端に減っている。

そんな日本の上司に勧められているのが15分程度の1対1面談「1on1」や「朝の声がけ運動」だ。こうした小さなコミュニケーションを積み重ねてこそ上司と部下の信頼関係が構築され、部下を動かすことができるようになる。

ジョブズは若い頃から現場に頻繁に顔を出し、口を出すことで知られていた。

それをうるさがる人もいるにはいたが、ジョブズは部下のところへ行っては仕事ぶりを眺め、「今、何をしているんだい？」と声をかけることがとても多かったという。

そして気に入らなければ「下手くそ」と罵声を浴びせることもあれば、「これは全部間違っている。僕たちがしようとしているのは

誰より現場に足を運ぶ上司が信頼される

時に叱り、時に褒め、時に激励する

こういうことなんだ」と延々と熱弁を振るうこともあった。こう持ち上げることもあった。「**これではとても満足はできない。君ならもっとうまくできるはずじゃないか？**」

それは周囲から見ると冷や冷やするような行為だった。週に何十時間も懸命に働いている社員の仕事を平気でけなし、やり直しさえ命ずるのだから。しかし、ジョブズは一切気にかけることはなかった。

そして社員たちもその期待に応えようと必死に仕事に励んだ。人を動かすには信頼関係が欠かせない。ジョブズはある人にとっては「暴君」だが、ある人にとっては「信頼できる上司」だったのだろう。**部下が思うように動いてくれない時、考えるべきはコミュニケーションの量と質なのである。**

第73話

部下の多さを誇らない

100人以上の事業部を動かす気はないし、君らだって100人以上の人間と一緒に働きたいとは思わないだろう

1人の上司が抱えられる部下の人数は何人が適正なのかという研究がある。

それによると、最も理想的なのは5〜7人で、それ以上になると部下一人一人とのコミュニケーションがうまくとれなくなり、さらに増えてくると上司自身が壊れることになってしまうという。

そのせいだろうか、アメリカのIT企業の中には少人数でチームを組んでプロジェクトを進めるところが多いが、たしかにあまりの大所帯になるとどうしてもリーダーの目は行き届きにくくなってしまう。

ジョブズは早くから自分の得意なことは大勢の人をまとめることではなく、小さなチームを動かしてすごい製品をつくることだと自覚していた。アップルを去る日が近づいて来た頃、こう振り返っている。

「優秀な少人数チームと仕事をする、画期的な製品や教育をつくるの二つを組み合わせてきたんだ」

マッキントッシュの開発中もこう言い続けてきた。

チームは人数ではなく質

「100人以上の事業部を動かす気はないし、君らだって100人以上の人間と一緒に働きたいとは思わないだろう」

管理職の中には「何人の部下がいるか」を誇る人がいるが、はたして大勢の部下を抱えてしっかりとコントロールできるのだろうか。そしてすごい成果を上げることができるのだろうか。

ジョブズが目指したのはあくまでも「世界を変える」ほどの製品をつくることであり、そのためにはどんな人材でどのくらいの人数でチームを組めばいいのかをずっと大切にしていた。

人を動かすこと、それは**大勢の人を動かすことではなく、人を動かして何を生み出すかこそが問われているのである。**

CHAPTER

5

まとめ

ジョブズ流

相手を思い通りに動かす仕事術

1、「すごい口説き文句」で人を動かす。

2、「未来を語って」人を動かす。

3、相手が巨人でも決してひるむな。
あくまでも対等であり続けろ。

4、安易な「できません」を許さない。

5、圧倒的期待で人を動かす。

6、やる気に火をつけて人を動かす。

7、強烈なモチベーションで人を動かす。

8、圧倒的コミュニケーションの質と量で人を動かす。

おわりに

ここまでジョブズの
天才的なエピソードばかりを紹介してきた。
しかし、ジョブズも人の子。
失敗もすれば人並みに恋もしている。
最後にジョブズの人間的側面に
光を当てたエピソードを三つ紹介しよう。

Episode 1

年棒1ドルだったジョブズ

「23歳の時、資産価値は100万ドルだった。24歳で1000万ドルを超え、25歳で1億ドルを超えてしまった」

これはジョブズ自身の言葉ではないが、ジョブズが若くしてどれほどの成功を収めたかを端的に示す言葉としてしばしば使われている。

1976年、21歳のジョブズがウォズニアックとアップルを創業した時、2人が用意できたのは車や電卓を売ってつくったわずか1000ドルだったが、それからほんの数年でジョブズはアメリカで自力で財を成した最も若い富豪になっている。

大金を手にすると人生は大きく変わることがある。実際、アップルで働く人の中には自家用ジェットや高級車、ヨットなどを買い、豪邸での暮らしを楽しみ始めた人もいた。ウォズニアックのお金の使い方も桁外れだった。

ウォズニアックは大金を手に映画館などを購入した他、大規模なコンサートなども主催、みんなの度肝を抜いている。

そんな「大金持ちの生活を謳歌《おうか》する」人たちを横目にジョブズは閑静な住宅と車、オートバイを買った他は両親のためにお金を使ったくらいだった。

「お金で買いたいものなんてすぐに尽きてしまう」という言葉がジョブズの金銭感覚をよく表しているし、「お金で人生を狂わされたくはない」がジョブズの信念だった。

やがてアップルを追放されたジョブズはネクストやピクサー、そして復帰したアップルからもほとんど給与を受け取らなくなった。受け取るのは社会保険に入るための1ドルと、「年俸1ドルのCEO」の肩書きだけだ。

なぜなのか？　ジョブズにとって大切なのは高額の報酬ではなく、世界を変えることであり、世界を変えるほどの製品をつくることだった。お金は時に人生を狂わせる。ジョブズはお金以上のものに価値を見出したからこそ、世界を変えることができたのである。

Episode 2 瞑想にふけり禅を学んだジョブズ

ジョブズはアップルを創業して以来、IT業界の最前線を走り続けてきたが、一方で若い頃に影響を受けた「禅」とも生涯関わり続けている。子どもたちを連れて日本を訪れ、鮨《すし》を食べ、寺を訪ねることも何度もあった。

ジョブズが東洋思想に関心を持つようになったのはリード大学に進学してからだ。

「リードに行けなければ、どこの大学にも行く気はない」と親にわがままを言って進学したものの、「人生とは一体何なのか?」という問いに対する答えは見つからず、それを求めて当時注目されていた「東洋の神秘主義に興味を持った」のだった。

やがて大学を中退、瞑想にふけるようになったジョブズはインドに行って導師に会いたいと思うようになった。その費用を稼ぐために就職したのがアタリ社である。そして友人のダン・コトキとインドへの旅に出たものの、そこに答えはなく、こう考えるようになった。

「どこかで1ヶ月も修業すれば、悟りが開けるというわけじゃない。でも、世界への貢献という意味では、カール・マルクスとニーム・カロリ・ババを合わせたより、トーマス・エジソンの方が大きかったのかもしれないと思うようになった」

インドから戻ったジョブズは再びアタリ社で働くようになるが、相変わらず毎日瞑想を行い、禅を学び、悟りを開こうともしていた。しかし、そんな時にスティーブ・ウォズニアックのつくったアップルⅠと出合ったことで、コンピュータを売るというビジネスへの関心を持つようになった。

それでも時には「このまま会社を続けるか、それとも日本の永平寺へ行くか?」と迷うこともあったが、禅の師である乙川弘文のアドバイスもあってジョブズは「アップルを続ける」ことを選択、トーマス・エジソンの道を歩むことになった。

東洋思想と西洋思想の両方を知っていること、それがジョブズのつくる製品を美しくしていると評する人もいるほど、ジョブズにとって若き「迷いの時代」は大切なものだった。

Episode 3

恋するジョブズ

ジョブズは17歳の時、「もし毎日、これが最後の日と思って生きるなら、いつかきっと正しい道に進むだろう」という言葉に出合って以来、毎朝鏡に映る自分を見つめて欠かすことなく、こう自問自答してきた。

「もし今日が人生最後の日だったら、今日やろうとしていることをやりたいと思うか？」

ジョブズによれば、もしこの問いに「ノー」の答えが何日も続くようなら、何かを変える必要があるという。

ジョブズは若い頃から人生を限りあるものと強く意識している。与えられた時間には限りがあり、その時間をいかにムダなく使うかに神経を使っていたからこその問いなのだろう。

ジョブズは市場調査でさえ「鏡に映る自分」を見ながら行ったといわれている

ように、聞く相手はいつだって「自分」だった。市場でも、データでも、会議の場でもなく、何をするかは自分に問い、自分で決めるのがジョブズ流の生き方だった。

結婚についても同様だった。


1989年、ジョブズはのちに妻となるローリーン・パウエルと出会っている。夕食に誘いたいと思ったが、残念ながら先約があってあきらめた。しかし、あきらめきれないジョブズは車にキーを入れたところで、自分にこう問いかけた。

「今日が自分にとって最後の夜だったら、会議とこの女性のどっちを取る？」

走って戻ったジョブズは「夕食にお付き合いいただけませんか？」と誘い、返事は「いいわよ」だった。ジョブズにとって「人生が大きく変わった」瞬間だった。後年、ジョブズはアップルの再建に取り組むことになるが、それができたのは妻ローリーンのお陰だったと率直に語っている。

「人生であれほど疲れたことはない。そんなことを続けられたのも妻のお陰だ。妻は私の支えになり、夫の不在中も家族をまとめてくれた」

自問自答の答えは正解だった。

参考文献

『スティーブ・ジョブズ　偶像復活』
ジェフリー・S・ヤング、ウィリアム・L・サイモン著、井口耕二訳、東洋経済新報社
『スティーブ・ジョブズ』Ⅰ・Ⅱ
ウォルター・アイザックソン著、井口耕二訳、講談社(アマゾン書影)
『ｉＰｏｄは何を変えたのか？』
スティーブン・レヴィ著、上浦倫人訳、SBクリエイティブ
『スティーブ・ジョブズの流儀』
リーアンダー・ケイニー著、三木俊哉訳、ランダムハウス講談社
『アメリカン・ドリーム』
マイケル・モーリッツ著、青木榮一訳、二見書房
『ジョブズ・ウェイ　世界を変えるリーダーシップ』
ジェイ・エリオット、ウィリアム・L・サイモン著、中山宥訳、SBクリエイティブ
『スティーブ・ジョブズ　パーソナル・コンピュータを創った男』上・下
ジェフリー・S・ヤング著、日暮雅通訳、JICC出版局
『アップル・コンフィデンシャル2.5J』上・下
オーウェン・W・リンツメイヤー、林信行著、武舎広幸・武舎るみ翻訳協力、アスペクト
『アップルを創った怪物　もうひとりの創業者、ウォズニアック自伝』
スティーブ・ウォズニアック著、井口耕二訳、ダイヤモンド社
『スカリー　世界を動かす経営哲学』上・下
ジョン・スカリー、ジョン・A・バーン著、会津泉訳、早川書房
『メイキング・オブ・ピクサー　創造力をつくった人々』
デイヴィッド・A・プライス著、櫻井祐子訳、早川書房
『ピクサー流マネジメント術　天才集団はいかにしてヒットを生み出してきたのか』
エド・キャットマル著、小西未来訳、ランダムハウス講談社
『スティーブ・ジョブズの道』
ランドール・ストロス著、斉藤弘毅、エーアイ出版編集部訳、エーアイ出版
『スティーブ・ジョブズ　偉大なるクリエイティブ・ディレクターの軌跡』
林信行著、アスキー

著者略歴

桑原　晃弥（くわばら　てるや）

1956年、広島県生まれ。経済・経営ジャーナリスト。慶應義塾大学卒。業界紙記者などを経てフリージャーナリストとして独立。トヨタ式の普及で有名な若松義人氏の会社の顧問として、トヨタ式の実践現場や、大野耐一氏直系のトヨタマンを幅広く取材、トヨタ式の書籍やテキストなどの制作を主導した。一方でスティーブ・ジョブズやジェフ・ベゾスなどのＩＴ企業の創業者や、本田宗一郎、松下幸之助など成功した起業家の研究をライフワークとし、人材育成から成功法まで鋭い発信を続けている。著書に、『スティーブ・ジョブズ名語録』（ＰＨＰ研究所）、『ウォーレン・バフェット巨富を生み出す７つの法則』（朝日新聞出版）、『トヨタ式5W1H思考』（KADOKAWA）、『１分間アドラー』（ＳＢクリエイティブ）などがある。

スティーブ・ジョブズ
結果に革命を起こす神のスピード仕事術

2019年1月1日　初版発行

著者　　桑原晃弥
発行人　笠倉伸夫
発行所　笠倉出版社
〒110-8625
東京都台東区東上野2-8-7　笠倉ビル
TEL0120-984-164

ISBN978-4--7730-8928-8